《劝发菩提心文》讲话

中国佛学经典宝藏

128

圣 印 著

星云大师总监修

人民东方出版传媒

东方出版社

图书在版编目（CIP）数据

《劝发菩提心文》讲话／圣印 著. —北京：东方出版社，2015. 9
（中国佛学经典宝藏）
ISBN 978 - 7 - 5060 - 8624 - 0

Ⅰ.①劝… Ⅱ.①圣… Ⅲ.①佛教—通俗读物 Ⅳ.①B94 - 49

中国版本图书馆 CIP 数据核字（2015）第 289488 号

《劝发菩提心文》讲话
（QUANFAPUTIXINWEN JIANGHUA）

作　　者：圣 印
责任编辑：查长莲　杨　灿
出　　版：东方出版社
发　　行：人民东方出版传媒有限公司
地　　址：北京市东城区朝阳门内大街 166 号
邮政编码：100010
印　　刷：北京明恒达印务有限公司
版　　次：2016 年 6 月第 1 版
印　　次：2023 年 10 月第 3 次印刷
开　　本：880 毫米×1230 毫米　1/32
印　　张：8. 25
字　　数：117 千字
书　　号：ISBN 978 - 7 - 5060 - 8624 - 0
定　　价：39. 00 元
发行电话：(010) 85924663　85924644　85924641

总序

星云

自读首楞严，从此不尝人间糟糠味；

认识华严经，方知已是佛法富贵人。

诚然，佛教三藏十二部经有如暗夜之灯炬、苦海之宝筏，为人生带来光明与幸福，古德这首诗偈可说一语道尽行者阅藏慕道、顶戴感恩的心情！可惜佛教经典因为卷帙浩瀚、古文艰涩，常使忙碌的现代人有义理远隔、望而生畏之憾，因此多少年来，我一直想编纂一套白话佛典，以使法雨均沾，普利十方。

一九九一年，这个心愿总算有了眉目。是年，佛光山在中国大陆广州市召开"白话佛经编纂会议"，将该套丛书定名为《中国佛教经典宝藏》①。后来几经集思广

---

① 编者注：《中国佛教经典宝藏》丛书，大陆出版时改为《中国佛学经典宝藏》丛书。

益，大家决定其所呈现的风格应该具备下列四项要点：

一、启发思想：全套《中国佛教经典宝藏》共计百余册，依大乘、小乘、禅、净、密等性质编号排序，所选经典均具三点特色：

1. 历史意义的深远性
2. 中国文化的影响性
3. 人间佛教的理念性

二、通顺易懂：每册书均设有原典、注释、译文等单元，其中文句铺排力求流畅通顺，遣词用字力求深入浅出，期使读者能一目了然，契入妙谛。

三、文简意赅：以专章解析每部经的全貌，并且搜罗重要的章句，介绍该经的精神所在，俾使读者对每部经义都能透彻了解，并且免于以偏概全之谬误。

四、雅俗共赏：《中国佛教经典宝藏》虽是白话佛典，但亦兼具通俗文艺与学术价值，以达到雅俗共赏、三根普被的效果，所以每册书均以题解、源流、解说等章节，阐述经文的时代背景、影响价值及在佛教历史和思想演变上的地位角色。

兹值佛光山开山三十周年，诸方贤圣齐来庆祝，历经五载、集二百余人心血结晶的百余册《中国佛教经典宝藏》也于此时隆重推出，可谓意义非凡，论其成就，则有四点可与大家共同分享：

一、**佛教史上的开创之举**：民国以来的白话佛经翻译虽然很多，但都是法师或居士个人的开示讲稿或零星的研究心得，由于缺乏整体性的计划，读者也不易窥探佛法之堂奥。有鉴于此，《中国佛教经典宝藏》丛书突破窠臼，将古来经律论中之重要著作，做有系统的整理，为佛典翻译史写下新页！

二、**杰出学者的集体创作**：《中国佛教经典宝藏》丛书结合中国大陆北京、南京各地名校的百位教授、学者通力撰稿，其中博士学位者占百分之八十，其他均拥有硕士学位，在当今出版界各种读物中难得一见。

三、**两岸佛学的交流互动**：《中国佛教经典宝藏》撰述大部分由大陆饱学能文之教授负责，并搜录台湾教界大德和居士们的论著，借此衔接两岸佛学，使有互动的因缘。编审部分则由台湾和大陆学有专精之学者从事，不仅对中国大陆研究佛学风气具有带动启发之作用，对于台海两岸佛学交流更是帮助良多。

四、**白话佛典的精华集萃**：《中国佛教经典宝藏》将佛典里具有思想性、启发性、教育性、人间性的章节做重点式的集萃整理，有别于坊间一般"照本翻译"的白话佛典，使读者能充分享受"深入经藏，智慧如海"的法喜。

今《中国佛教经典宝藏》付梓在即，吾欣然为之作序，并借此感谢慈惠、依空等人百忙之中，指导编修；吉广兴等人奔走两岸，穿针引线；以及王志远、赖永海等大陆教授的辛勤撰述；刘国香、陈慧剑等台湾学者的周详审核；满济、永应等"宝藏小组"人员的汇编印行。由于他们的同心协力，使得这项伟大的事业得以不负众望，功竟圆成！

《中国佛教经典宝藏》虽说是大家精心擘划、全力以赴的巨作，但经义深邃，实难尽备；法海浩瀚，亦恐有遗珠之憾；加以时代之动乱，文化之激荡，学者教授于契合佛心，或有差距之处。凡此失漏必然甚多，星云谨以愚诚，祈求诸方大德不吝指正，是所至祷。

一九九六年五月十六日于佛光山

原版序
敲门处处有人应

慈惠

　　《中国佛教经典宝藏》是佛光山继《佛光大藏经》之后，推展人间佛教的百册丛书，以将传统《大藏经》精华化、白话化、现代化为宗旨，力求佛经宝藏再现今世，以通俗亲切的面貌，温渥现代人的心灵。

　　佛光山开山三十年以来，家师星云上人致力推展人间佛教，不遗余力，各种文化、教育事业蓬勃创办，全世界弘法度化之道场应机兴建，蔚为中国现代佛教之新气象。这一套白话精华大藏经，亦是大师弘教传法的深心悲愿之一。从开始构想、擘划到广州会议落实，无不出自大师高瞻远瞩之眼光，从逐年组稿到编辑出版，幸赖大师无限关注支持，乃有这一套现代白话之大藏经问世。

　　这是一套多层次、多角度、全方位反映传统佛教文化的丛书，取其精华，舍其艰涩，希望既能将《大藏经》

深睿的奥义妙法再现今世，也能为现代人提供学佛求法的方便舟筏。我们祈望《中国佛教经典宝藏》具有四种功用：

一、是传统佛典的精华书

中国佛教典籍汗牛充栋，一套《大藏经》就有九千余卷，穷年皓首都研读不完，无从赈济现代人的枯槁心灵。《宝藏》希望是一滴浓缩的法水，既不失《大藏经》的法味，又能有稍浸即润的方便，所以选择了取精用弘的摘引方式，以舍弃庞杂的枝节。由于执笔学者各有不同的取舍角度，其间难免有所缺失，谨请十方仁者鉴谅。

二、是深入浅出的工具书

现代人离古愈远，愈缺乏解读古籍的能力，往往视《大藏经》为艰涩难懂之天书，明知其中有汪洋浩瀚之生命智慧，亦只能望洋兴叹，欲渡无舟。《宝藏》希望是一艘现代化的舟筏，以通俗浅显的白话文字，提供读者遨游佛法义海的工具。应邀执笔的学者虽然多具佛学素养，但大陆对白话写作之领会角度不同，表达方式与台湾有相当差距，造成编写过程中对深厚佛学素养与流畅白话语言不易兼顾的困扰，两全为难。

三、是学佛入门的指引书

佛教经典有八万四千法门，门门可以深入，门门是无限宽广的证悟途径，可惜缺乏大众化的入门导览，不易寻觅捷径。《宝藏》希望是一支指引方向的路标，协助十方大众深入经藏，从先贤的智慧中汲取养分，成就无上的人生福泽。

四、是解深入密的参考书

佛陀遗教不仅是亚洲人民的精神归依，也是世界众生的心灵宝藏。可惜经文古奥，缺乏现代化传播，一旦庞大经藏沦为学术研究之训诂工具，佛教如何能扎根于民间？如何普济僧俗两众？我们希望《宝藏》是百粒芥子，稍稍显现一些须弥山的法相，使读者由浅入深，略窥三昧法要。各书对经藏之解读诠释角度或有不足，我们开拓白话经藏的心意却是虔诚的，若能引领读者进一步深研三藏教理，则是我们的衷心微愿。

大陆版序一

《中国佛教经典宝藏》是一套对主要佛教经典进行精选、注译、经义阐释、源流梳理、学术价值分析，并把它们翻译成现代白话文的大型佛学丛书，成书于二十世纪九十年代，由台湾佛光文化事业有限公司出版，星云大师担任总监修，由大陆的杜继文、方立天以及台湾的星云大师、圣严法师等两岸百余位知名学者、法师共同编撰完成。十几年来，这套丛书在两岸的学术界和佛教界产生了巨大的影响，对研究、弘扬作为中国传统文化重要组成部分的佛教文化，推动两岸的文化学术交流发挥了十分重要的作用。

《中国佛学经典宝藏》则是《中国佛教经典宝藏》的简体字修订版。之所以要出版这套丛书，主要基于以下的考虑：

首先，佛教有三藏十二部经、八万四千法门，典籍浩瀚，博大精深，即便是专业研究者，穷其一生之精力，恐也难阅尽所有经典，因此之故，有"精选"之举。

其次，佛教源于印度，汉传佛教的经论多译自梵语；加之，代有译人，版本众多，或随音，或意译，同一经文，往往表述各异。究竟哪一种版本更契合读者根机？哪一个注疏对读者理解经论大意更有助益？编撰者除了标明所依据版本外，对各部经论之版本和注疏源流也进行了系统的梳理。

再次，佛典名相繁复，义理艰深，即便识得其文其字，文字背后的义理，诚非一望便知。为此，注译者特地对诸多冷僻文字和艰涩名相，进行了力所能及的注解和阐析，并把所选经文全部翻译成现代汉语。希望这些注译，能成为修习者得月之手指、渡河之舟楫。

最后，研习经论，旨在借教悟宗、识义得意。为了将其思想义理和现当代价值揭示出来，编撰者对各部经论的篇章品目、思想脉络、义理蕴涵、学术价值等所做的发掘和剖析，真可谓殚精竭虑、苦心孤诣！当然，佛理幽深，欲入其堂奥、得其真义，诚非易事！我们不敢奢求对于各部经论的解读都能鞭辟入里，字字珠玑，但希望能对读者的理解经义有所启迪！

习近平主席最近指出："佛教产生于古代印度，但传入中国后，经过长期演化，佛教同中国儒家文化和道家文化融合发展，最终形成了具有中国特色的佛教文化，给中国人的宗教信仰、哲学观念、文学艺术、礼仪习俗等留下了深刻影响。"如何去研究、传承和弘扬优秀佛教文化，是摆在我们面前的一个重要课题，人民东方出版传媒有限公司拟对繁体字版的《中国佛教经典宝藏》进行修订，并出版简体字版的《中国佛学经典宝藏》，随喜赞叹，寥寄数语，以叙因缘，是为序。

二〇一六年春于南京大学

大陆版序二

依空

　　身材高大、肤色白皙、擅长军事的亚利安人，在公元前四千五百多年从中亚攻入西北印度，把当地土著征服之后，为了彻底统治这里的人民，建立了牢不可破的种姓制度，创造了无数的神祇，主要有创造神梵天、破坏神湿婆、保护神毗婆奴。人们的祸福由梵天决定，为了取悦梵天大神，需要透过婆罗门来沟通，因为他们是从梵天的口舌之中生出，懂得梵天的语言——繁复深奥的梵文，婆罗门阶级是宗教祭祀师，负责教育，更掌控了神与人之间往来的话语权。四种姓中最重要的是刹帝利，举凡国家的政治、经济、军事、文化等等都由他们实际操作，属贵族阶级，由梵天的胸部生出。吠舍则是士农工商的平民百姓，由梵天的膝盖以上生出。首陀罗则是被踩在梵天脚下的土著。前三者可以轮回，纵然几世轮转都无法脱离原来种姓，称为再生族；首陀罗则连轮回的因缘都没有，为不生族，生生世世为首陀罗，子孙也倒霉跟着宿命，无法改变身份。相对于此，贱民比首陀罗更为卑微、低贱，连四种姓都无法跻身其中，只能从事挑粪、焚化尸体等最卑贱、龌龊的工作。

出身于高贵种姓释迦族的悉达多太子，为了打破种姓制度的桎梏，舍弃既有的优越族姓，主张一切众生皆平等，成正等觉，创立了佛教僧团。为了贯彻佛教的平等思想，佛陀不仅先度首陀罗身份的优婆离出家，后度释迦族的七王子，先入山门为师兄，树立僧团伦理制度。佛陀更严禁弟子们用贵族的语言——梵文宣讲佛法，而以人民容易理解的地方口语来演说法义，这就是巴利文经典的滥觞。佛陀认为真理不应该是属于少数贵族、知识分子的专利或装饰，而应该更贴近普罗大众，属于平民百姓共有共知。原来佛陀早就在推动佛法的普遍化、大众化、白话化的伟大工作。

佛教从西汉哀帝末年传入中国，历经东汉、魏晋南北朝、隋唐的漫长艰巨的译经过程，加上历代各宗派祖师的著作，积累了庞博浩瀚的汉传佛教典籍。这些经论义理深奥隐晦，加以书写的语言文字为千年以前的古汉文，增加现代人阅读的困难，只能望着汗牛充栋的三藏十二部扼腕慨叹，裹足不前。

如何让大众轻松深入佛法大海，直探佛陀本怀？佛光山开山宗长星云大师乃发起编纂《中国佛教经典宝藏》。一九九一年，先在大陆广州召开"白话佛经编纂会议"，订定一百本的经论种类、编写体例、字数等事项，礼聘中国社科院的王志远教授、南京大学的赖永海教授分别为中国大陆北方与南方的总联络人，邀请大陆各大学的佛教学者撰文，后来增加台湾部分的三十二本，是为一百三十二册的《中国佛教经典宝藏精选白话版》，于一九九七年，作为佛光山开山三十周年的献礼，隆重出版。

六七年间我个人参与最初的筹划，多次奔波往来于大陆与台湾，小心谨慎带回作者原稿，印刷出版、营销推广。看到它成为佛教徒家中的传家宝藏，有心了解佛学的莘莘学子的入门指南书，为星云大师监修此部宝藏的愿心深感赞叹，既上契佛陀"佛法不舍一众"的慈悲本怀，更下启人间佛教"普世益人"的平等精神。尤其可喜者，欣闻现大陆出版方东方出版社潘少平总裁、彭明哲副总编亲自担纲筹划，组织资深编辑精校精勘；更有旅美企业家鲁彼德先生事业有成之际，秉"十方来，十方去，共成十方事"之襟怀，促成简体字版《中国佛学经典宝藏》的刊行。今付梓在即，是为序，以表随喜祝贺之忱！

二〇一六年元月

目 录

序

成一法师

　　菩提心，对学佛的人来说，真是太重要了。

　　菩提心，完整地说，应该叫作"阿耨多罗三藐三菩提心"，阿等九字，是印度梵语，"阿"译"无"，"耨多罗"译为"上"，"三藐"译"正等"，"三菩提"译"正觉"。若将译出来的几个中国字连起来，那就是"无上正等正觉心"。"觉"字代表佛，"无上"形容佛乃天中之天、圣中之圣，彻底而圆满，觉悟了宇宙万有究竟真理的大觉圣者，世间、出世间没有超过他的人。"正等"是佛与真理齐等而不偏不倚。"正觉"是形容佛所得的觉悟是正智的圆觉。这无上正等正觉的佛心，是圆成佛果的正因，有了它才可以成佛，少了它就永滞生死。所以我们在初入佛门，皈依三宝的时候，师父一定要带我们对佛发此菩提心。这个菩提心的内容就是"众生无边誓愿度，烦恼无尽誓愿断，法门无量誓愿学，佛道无上誓愿成"的四弘誓愿。

菩提心不是随便发得起来的，它必须具备多种因缘，方克成办。《华严经·离世间品第三十八之一》云："佛子，菩萨摩诃萨，有十种发菩提心因缘，何等为十？所谓为教化调伏一切众生故发菩提心，为除灭一切众生苦聚故发菩提心，为与一切众生具足安乐故发菩提心，为断一切众生愚痴故发菩提心，为与一切众生佛智故发菩提心，为恭敬供养一切诸佛故发菩提心，为随如来教令佛欢喜故发菩提心，为见一切佛色身相好故发菩提心，为入一切佛广大智慧故发菩提心，为显现诸佛力无所畏故发菩提心。"《庄严菩提心经》云："佛告善男子：菩萨发菩提心有十法，何等为十？发第一心，成就众善本，譬若须弥山以众宝庄严。发第二心，行檀波罗蜜，譬若大地长养众善法。发第三心，行尸波罗蜜，喻若师子王能降伏众兽，灭除邪见故。发第四心，行羼提波罗蜜，喻若那罗延坚固不可坏，灭除烦恼故。发第五心，行毗梨耶波罗蜜，现行众善法，喻若天华如意说法故。发第六心，行禅波罗蜜，喻若日光明，灭除众暗故。发第七心，行般若波罗蜜，诸愿得满足，喻若商贾客得离众难故。发第八心，行方便波罗蜜，灭除诸障碍，喻若月盛满，清净无秽故。发第九心，欲满足本愿，游净佛国土，听深妙法，灭除贫穷故。发第十心，喻若虚空，其智无穷尽，譬如转轮王成就一切种智故。善男子！如是能发十种心，名为菩萨，亦名摩诃萨。"莲宗九祖省庵大师认为发菩提心的因缘："略有十种，何等为十？一者念佛重恩故。二者念父母恩故。三者念师长恩故。四者念施主恩故。五者念众生恩故。六者念生死苦故。七者尊重己灵故。八者忏悔业障故。九者求生净土故。十者为念正法得久住故。"省庵大师并以为心愿差别有其八相，所谓邪、正、真、伪、大、小、偏、圆是也，于此八中，必也去邪、去伪、去小、去偏，取正、取大、取真、取圆，方得名为真正发菩提心。

菩提心既发之后，要怎样才能安住其中而不退失呢？《金刚经》云："佛告须菩提：诸菩萨摩诃萨，应如是降伏其心，所有一切众生之类，若卵生，若胎生，若湿生，若化生，若有色，若无色，若有想，若无想，若非有想非无想，我皆令入无余涅槃而灭度之。如是灭度无量无数无边众生，实无众生得灭度者。何以故？若菩萨有我相、人相、众生相、寿者相，即非菩萨。"又云："复次，须菩提！菩萨于法，应无所住，行于布施，所谓不住色布施，不住声香味触法布施。须菩提！菩萨应如是布施，不住于相。何以故？若菩萨不住相布施，其福德不可思量！"上一段说的是无我度生，是发菩提心的基本态度。

后一段这无相布施，则是扫除菩提心上的一切障碍，还有要立定坚固不拔的志愿，方能安住于菩提心而不退失。《瑜伽焰口集要》云："假使热铁轮，于汝顶上旋，终不为此苦，退失菩提心。"这样的菩提心是经得起考验的。

菩提心，真正的菩提心确是不易发的，而一些没有听讲过佛法的信徒，根本就不知道什么是菩提心，所以信徒在求受三皈依时，师父一定要向他们开示明白，使知发菩提心的重要及功德。那么，发菩提心有哪些功德？又是怎样的重要呢？关于这，《大宝积经·弥勒菩萨所问会第四十二》云："佛告弥勒言：菩萨成就一法，离诸恶道及恶知识，速能证得阿耨多罗三藐三菩提。云何为一？所谓发胜意乐菩提之心，是为一。"《大方便佛报恩经·发菩提心品》云："菩萨若能发菩提心，则得名为菩萨摩诃萨，定得阿耨多罗三藐三菩提。"又云："是故初发菩提心即能摄取一切善法。菩萨摩诃萨发菩提心，修行渐得阿耨多罗三藐三菩提，若不发心，终不能得。"《华严经》也云："忘失菩提心，修诸善法，皆是魔业。"省庵大师云："入道要门，发心为首，修行急务，立愿居先。愿立则众生可度，心发则佛道堪成。"发菩提心的功德及其重要性，由上所引经论章句，可知一斑。

圣印大和尚，是一位早已发了大菩提心的高僧，为了满足他的菩提心愿，多年来，他弘扬正法，慈济众生，宵旰辛勤，席不暇暖，一向为人所称道。去年秋天，他应台北首刹善导寺住持云霞方丈之请，于该寺大雄宝殿，宣讲净宗九祖省庵大师的《劝发菩提心文》一星期，由于他的辩才无碍、舌灿莲花，所以听众始终踊跃不衰，每天皆是座无虚席。后来圣师应信众的要求，将他所写的讲义，送《海潮音》杂志发表，以广结缘。现在全文行将刊完，读者大众一致认为省公之文，固属不朽的名著，而圣师的讲义，尤为不可多得的佳构，纷纷函请圣师出单行本，以利久远。圣师一向慈悲为怀，遂决定将它出版流通，并要我写一篇序，以为介绍。我想出版经论注释，是属助人了解佛法的大功德事，自不能以不文辞，于是就把我平时阅读经论所做有关发菩提心的笔记整理出来，用塞其责，同时也用它表达我对这本书出版的随喜以及祝贺之意。

一九八三年秋节前三天写于台北市之华严莲社

《劝发菩提心文》讲话

——讲于台北善导寺

　　《劝发菩提心文》，是祖师所作，来劝导后学之人，都应当发起菩提心来。这篇文字从开始到结尾，都是劝导学佛的人务必发起菩提心的道理，因此称作是《劝发菩提心文》。这既不是经，也不是律，更不是论，可是在全篇文章里，实际包含了经、律、论三藏的教理。

　　修学佛法最根本就是要发菩提心。我们学佛，虽在众生数而未得成佛，好在都具有这菩提心。只要能启发它，众生自然得度，佛道自然得成。

　　中国是大乘佛教盛行的地方，学佛的人多数知道"发菩提心"这个名词，大家口中也往往会提出发菩提心。那么菩提是什么？菩提心又是什么？要怎样来启发它呢？许多人不大明白！因此祖师撰述了这篇文章，实在有它的深义在。求学大乘佛法，发菩提心最重要不过。

如果不发菩提心，就不是大乘佛法了。大乘经典如《华严经》《楞严经》《金光明经》等，都对菩提心的意义，做了详细的说明。无论哪一部经、律、论，都有劝发菩提心的道理。

就戒律来说，我们在求受菩萨戒时，在正受时，戒师总是会这样问："你有发菩提心吗？"我们就当恭敬地回答说："已发菩提心。"要是没有发菩提心，便失去受菩萨戒的资格。《梵网经·菩萨戒本》里面要人发菩提心，否则就不是菩萨。因为发菩提心是行菩萨道的动机。《菩萨戒本》里面明确指出：要是没有发菩提心，那就犯了轻垢罪。由此可见菩萨之所以被称为菩萨，主要在于已经发菩提心。

发菩提心是非常尊贵的，佛经中拿譬喻来讲，好比有一大龙王，它头顶上戴了一顶相当大的如意妙宝王冠，所以不论什么怨敌，见了自然退避三舍而不敢侵犯。这譬喻人如果发了菩提心，等于是一位菩萨头上戴着一顶无形的王冠——一颗珍贵的菩提心以及大悲心缀成的妙宝王冠，这样任何恶道的有情，或天魔外道等想来吓唬他、侵犯他、诱惑他、恼害他，也都无可奈何，到后来只有知难而退。发菩提心之可贵，于此可见一斑。

唐朝时有一位学佛有相当造诣，曾经亲近过不少大善知识，参禅开悟的居士，名叫裴休，身为一国的宰相。

宰相官位甚高，主理一国政事。他作了一篇《劝发菩提心文》，阐扬菩提心的道理，曾经在当时流通一时，可惜到后来渐渐失传了。

现在我讲的这篇，是清朝著名祖师省庵大师所作。这篇文章着重于对初发心者的启发，以非常浅显的文字、简洁明白的理论来启发人们当发菩提心。它充满警觉性，浅白、易懂、好读而又感人。

这篇文出来之后，相继讲说、注解的学者，也出了很多部，都很有研究的价值。像这样好的、有价值的、具高度启发性的文章，不是经，但我们不妨把它当作佛说的经一般的可贵和真实。不是律，但是我们不妨把它当作佛定的戒律一样的重要。不是论，但是我们也可以认作和菩萨所作的权威的论典同样的权威且神圣。它实在是和经、律、论平等，没有高下的分别，它实在是极有益于我们修学佛法的借镜。

解说本文的题目

依三藏来讲，经有经的题目，律有律的题目，论有论的题目。我们讲经、律、论的任何一种，首先要讲它的题目，不论是详细地说，或者简略地说。因为经论的题目，就是全部经论的眼目，等于人的身体，以头部的眼睛，所谓灵魂之窗最重要。没有了眼目，就很难指挥手脚四肢动作、走路，做任何事都不灵光，好比一个废物了。再说题，也就是一篇文章的总纲，"文"是一个题目的别义。总纲究明，有大体上的认识，那么对别义——全文内容，也就有相当的眉目。本文具通、别两题，"劝发菩提心"这五个字是别题，因为和其他的文章有别的缘故。至于"文"这个字是通题，所谓通是通于其他的"文"，其他文章也都可以通称为"文"，例如，《云栖放生文》《西方发愿文》《龙舒净土文》都可称是"文"。佛说道理的"文"是很多的。

"劝发"，劝是劝导、劝化或者劝勉的意思。本文当中举出了十种因缘，全都是古德诚恳劝勉后学的文词。劝导人们本来是佛，因本具佛性，然无明所误，遂为众生。那么我们就应该返迷归悟，称性起修才对。又劝化听本文的人，当发菩提心，出离生死苦。更劝勉发菩提心的学者，要实行难行能行、难舍能舍与难忍能忍，要坚固菩提心。

"发"是发明和发起的意思。听闻了长者大德的劝解，要发明本具的自性真心，那就是转迷开觉，明了向道，趣菩提心。再者既然承先贤大德所劝，而且明白了个中的道理，当然就要发起菩提心来。然后要使念念增长，念念上求佛道，心心下化众生，因此即是发展的意思，要好好地发展这菩提心。

"劝发"这两个字，是修法。既经劝发，必依菩提心而起菩提行，修一切修行的法门，求证菩提的大道。

"菩提"，这两个字是印度话，翻成中国话是"觉"，"觉悟"的"觉"，这个"觉"不是世俗所说的感觉、知觉而已，和陶渊明所说的"觉今是而昨非"还是有一段距离。这个"觉"是纯粹的正觉，离开了一切迷惑、混乱、污秽，是完完全全的清净的觉。行者若发求正觉之心，发愿成佛道之心，都叫菩提心。

"心"，通俗地来说，就是我们日常思虑的心，我们如果想到了善的一面就是善心，相反地，想到恶的一面就是恶心。我们做人是这个心，要成佛也在于这个心，下地狱也在于这个心。

依佛教将"心"分为下列四种：一、肉团心：父母生的有血有肉的心脏，属五脏之一。像是莲华开合的样子，乃是意识所依，却是没有知觉性的。二、缘虑心：这是我人见闻觉知，对境攀缘而起分别、思虑作用的妄想心。它是随境的生灭而生灭，是虚妄的、不实的，就像海面上的波浪，只要风一吹动就涌起，如果风息了，浪波自然地也息止了下来，因此根本没有实体可言。三、积聚心：这是第八阿赖耶识。由于第八识体，是集聚了眼等诸根与色身的身、器世间和善恶的种子的缘故，称作是积聚心。四、坚实心：坚固并且真实的心，乃是一切众生本来具足且常住不变的心。

我们应当发菩提心，这菩提心就是道心。谈到道心，要说明菩提分为三种：

第一，真性菩提。所谓"真性"是指真如自性，不论圣人与凡夫都同样具有，迷的时候是凡夫，悟的时候成圣人。迷、悟虽然不一样，可是生佛却是平等一致。正如同《楞严经》上所说的："大地草木，蠕动含灵，本元真如，即是如来成佛真体。"可见生佛无异，有情或无情都同是一体，只不过在有情分上我们叫它是佛性，无情分上我们叫它是法性罢了。真性菩提是以理为道，约有情众生来说，人人本具的佛性叫本觉，也就是真实不虚、没有变异的如如理。

第二，实智菩提。"智"是智慧，"实智"是真实的智慧，这和世间的世智辩聪是显然不同。因为世智离不开生死，然实智却能称菩提，即称如如理，所起的如如智，又叫作始觉。依这始觉的智慧，反照本觉的道理，照彻心源，真实了知，就是根本智以及实智。

第三，方便菩提。即是以逗机设教为道。所谓"方便"就是权巧施设，先鉴众生机宜，看是用什么身能得度他的，就现什么身去度他，用什么方法才使他信服的，就运用什么方法去说服。总之，要权衡所对的对象、所处的环境来方便用各种方法去化度一切众生。即是从根本智所起的后得智，又叫差别智及权智，相机施教，才能收到如期的效用。

菩萨修行，最先要发心，就是发出大悲心。以现在的话说，发心也就是立志。假定不是这样，一切万行都无从建立。大悲心是怎么样的？就是菩萨慈眼看这世界一切众生都如同他自己的儿子那样，当然儿子饿了必须要给他吃，渴了就要给他喝，冻了就要给他穿，病了就要给他治。身为父母应怀一颗悲心，不惜一切来护念自己的儿子，拔除儿子的苦恼。菩萨能够将大地众生当作儿子一般的看待，时常想方法要救拔他们除苦得乐，真是悲心无量！

依据《起信论》上面谈到"三心"——真心、深心、大悲，也即是菩提心。上面讲过，怀平等慈悲心欲救拔一切众生出生死苦的，便是大悲心。"真心"是正念真如法，不着二边，起智观照真如正理，就自然契菩提心体。"深心"是乐修一切善行，认真地修世间、出世间自利、利他的一切善行。由于菩提是觉，这个"觉"含有自觉、觉他，要人自利、利他的意思。因此劝发菩提心，就是劝发学者务必把握这"三心"，如实做到，而趣入无上菩提。

根据《华严经》上说："善男子！菩提心者，犹如一切佛法种子。"用个简单的譬喻作说明，譬如地质、水分、肥料以及阳光，这些因素和稻种会合，才会发出稻芽来。再者，这几种因素如果拿来和麦种会合，便发出麦芽来，这是"共因"的缘故。如果麦的种子，和这些因素会合，却要它生出稻芽，是无论如何都不可能的。

那么，佛的芽因就跟麦种只生麦芽不会生别的芽一样，这是不共因故，而证得空性之慧，由于是水土等外缘所促成，这是三种菩提共因的缘故。所以《华严经》偈上说："信解大乘种子父，能生佛法慧为母。"龙树菩萨也说过："不论无上佛菩提，声闻独觉亦当依，此是唯一解脱道，除此决定无余等。"这就是说，智慧所证空性，大小乘皆当依据，但以发菩提心及菩萨行，始能判别大小乘之分。

再说"菩提心"的印度原文是"阿耨多罗三藐三菩提"，译成中文是"无上正等正觉"。正觉是拣别凡夫不觉，也拣别外道邪觉。凡夫不觉，不能觉悟种种迷痴不当的事，因凡夫在迷，背觉合尘的缘故。佛在世时有许多宗教研究家，在印度有九十六种外道，他们都宣称是觉悟者，他们的教理是对的，并且也证得涅槃。事实上都不是正确实在的觉悟，他们的涅槃也不究竟，并非真正可以了生死，他们只能说是邪觉而不是正觉。正觉是要超出涅槃生死解脱，达到阿罗汉以上的境地。

大凡超出三界、了脱生死的阿罗汉固然得方便涅槃，不用再轮回生死，算是真实的觉悟，获得无上的真理。虽说是正确的觉悟，但还是不够的。因为那并非是"正等"，仍然美中不足。须知阿罗汉都只顾自己修、自己了，十足是求自度的自了汉罢了。

　　佛经里面用"焦芽败种"这一形容词来形容阿罗汉，意思是，好像种子的芽经火烧过，就不再发起，属于颓败无用的种子，什么成分、色彩、营养都谈不上。既然把阿罗汉说成如同腐败了、不能萌芽的种子，哪里还有什么作用？虽然得到正觉不错，然他的觉悟毕竟不平等，不是"正等"的，只知自利而不知利他，这不是学佛的目标。

　　学佛的目的何在？什么人才是正等正觉？唯有菩萨。菩萨将所有痛苦事，一己勇敢地承受，却把快乐赋予他人。菩萨总是以先觉的立场去觉后觉，希望一切众生都能够得到安乐，这样的觉悟才是平等的。虽则是自己已觉悟，尚须进一步令他人也觉悟才满足，这便是"正等"。不过，正等正觉的菩萨头顶上还有佛，因而菩萨不能称作是"无上"，无上的是佛，佛之上再无其上的了。

　　"阿耨多罗三藐三菩提"，译作是无上正等正觉，主要是鼓励人们要达到佛的地步，方可称为无上正等正觉。所以，我人不仅要效法菩萨，求证菩提，进而要向佛学习，求证佛道。所以，发菩提心就是成佛之心，菩提道也即是成佛之道。今天每个学佛的人应修学菩萨，胸怀大志，尤其要求无上道——做个大心菩萨，要成佛。

我们千万别小看了自己，要发菩提心，修菩萨行，趣无上道，最后就是要成佛。"这很难的啊，我行吗？"的思想是绝对要不得的。古德说："彼既丈夫我亦尔。"也就是说，他是大丈夫，我也是一样。我何尝不能具有雄心壮志，做大丈夫应做的事呢？另外有句话"舜何人也，尧何人也，有为者，亦若是"。尧、舜是圣人，是君子，是我们向其看齐的可敬对象。尧也好，舜也好，圣人和我们相同是个人，那么他们所能办到的事，我为什么就不能办到呢？因此有为的人应该希圣希贤，立志做一个圣人。

佛、菩萨呢？是出世的大圣人。但是佛历经千辛万苦的修行才成为佛，大乘菩萨原本也只是凡夫，然由于学佛所学，行佛所行，才成就为菩萨。佛和菩萨也是因人而成，那么，只要我们肯认真地去修，肯努力去学，有上进心，有大愿望，还怕有一天我们成不了佛、菩萨吗？

因此我们无论在什么环境、什么时候，都不能看轻自己，贬低自己的人格。我们原本具佛性，和佛、菩萨有相同的地位，这无明不觉的愚痴应用般若智慧来打破。

我们切莫认为业障重，便不敢指望成佛。要晓得佛之所以成佛，菩萨之所以为菩萨，就在于他们有菩提心、发菩提心，更蔚为菩萨行，证得菩萨道。我们由此要发起、发扬这本有的本觉佛性。

不过，这菩提心要是缺乏适当的人来劝导，恐怕就发不起来，那是令人遗憾的事。这篇文章说明了劝导众生要发起菩提心，我们一旦发菩提心求学佛法，将来的成就一定不亚于任何佛菩萨。

这篇文章主要是劝导一般学佛的人，全都要发广大菩提心，内容专门叙述有关发菩提心的道理，警惕我们要及时迷途知返，故此叫作《劝发菩提心文》。

本文的作者

古杭梵天寺沙门实贤撰：

"古杭"就是现在的杭州。杭州是中国著名山明水秀、风景如画的地方，那里不乏名刹丛林，比如谁都听说过的灵隐寺，也就是在杭州。

"梵天寺"在杭州的凤山门外，在宋朝时兴建，有一段时期衰落，然而到明朝的时候，又再度地兴盛起来。初期的梵天寺，比较重于参禅和念佛，后来改名梵天讲寺，这个道场就比较着重于讲经说法了。

"沙门"这两个字是一般出家人的通称。"沙门"是印度话，译成中国话本来是"丧门"，虽然这与译音较为接近，但是丧是丧事，丧门更是不雅的文字，且不吉利，所以后来又译作"沙门"，也就是"勤息"的意思。不过这并非指勤劳后休息那样的肤浅、简单，而是教人明白做到"勤修戒定慧，息灭贪嗔痴"。我们持戒修行，要求定、求佛法智慧，因为戒、定、慧是三无漏学。出家人修出世间无漏法，须殷勤而认真地修持。何况众生无量劫来都有贪、嗔、痴的根本烦恼，如果不能除去这根本烦恼，又怎么学佛呢？

　　"实贤"就是实贤大师，也即是本文作者省庵大师的别号。实贤省庵大师，是出家修行人，为拣别他不是普通一般在家的人，是出家用功修行的比丘，所以在他别号"实贤"前面冠上"沙门"这个名词。至于"实贤"，是他师父替他取的法名，意思是古人所谓的"见贤思齐，见不贤而内自省"的意思。浅白地说，看到贤人君子有值得学的地方，就向他学、向他看齐，尽量吸取别人的优点。反之，看到不贤、品行不好的人，还要自己反省是不是和他一样。要一发现有了过错，得立刻改正过来。他师父对他的期望并没有落空，一如"实贤"这法名，大师的确是一个名副其实的贤人君子，是老老实实修行的人。

"撰"是指撰述、写作的意思。这篇《劝发菩提心文》是沙门实贤所写。在什么地方写？在杭州的梵天寺。所以这篇文章的开头写作者为："古杭梵天寺沙门实贤撰。"

接着要讲省庵大师究竟是怎么样的一个人呢？省庵大师生于清朝康熙二十五年（公元一六八六）八月初八日，江苏省常熟县人，俗家姓时，他父亲是位精通儒学的人，母亲姓张，颇具妇德。非常奇怪，他生下来就和其他的孩童不同，他不吃荤，只吃素。由于在幼龄时，他父亲就去世了，慈母便对他更为呵护。但了解此儿很特别，具有宿世善根，于是在他七岁时，便把他送到常熟清凉庵出家，在容选大师门下为徒。到十五岁，他正式披剃，二十四岁到杭州昭庆寺受具足戒。

大师聪明过人，世学方面，精于书法、诗词，经典方面，凡读诵过，就过目不忘。有一次在普仁寺见到一位出家人死了，更加憬悟无常道理。是以受了比丘戒之后，精勤向道，严持戒律，甚至每天仅吃一餐，晚上常常都不睡。他还努力研究教理，以便学成后讲经说法，利益众生，他研究得很透彻的是性、相两宗的学说。当时他参了有德望的禅师，就是崇福寺的灵鹫和尚。

他本来有着不错的根机，再加上明师的指点，因此只参了四个月左右就开悟了。他说："我的梦觉醒了！"

人生犹如一场大梦，有人说："大梦谁先觉?"只不过世人往往执迷不悟，甘于在梦境里陶醉，在长夜里昏睡。可是大师呢? 梦醒了，实际上也就是开窍了，从此对禅理非常的透彻，而辩才无碍。灵鹫和尚十分赏识他，要他留下来。他却不想接受，满怀感激之情告别了，去到真寂寺禁足。

所谓"禁足"，是禁止自己出外，一天到晚关在房里用功的意思，禁足的另一名词是"闭关"。他就这样静下心来，白天看"藏经"，晚上专心持念阿弥陀佛圣号，解、行并进，足足三年的时间，出关了。寺众便恭请他讲《法华经》，这是他第一次升座讲经说法，却讲得头头是道，舌灿莲花，全寺的人都听得津津有味，法喜充满。

然后，大师为了瞻仰佛陀舍利，特地去宁波阿育王寺参拜佛陀的真身舍利。他燃指点灯，发下四十八愿，来供养佛身舍利。大概是至诚感应的缘故吧，佛舍利就当下放光，大家都看得清清楚楚。

这时候适逢二月十五佛涅槃纪念日，他就集合了许多在家、出家学佛的人，举办了涅槃大会，广修供养，又定每年佛涅槃日，讲演《遗教经》和《弥陀经》。更为勉励当时四众发菩提心，住持如来正法，就写下了这篇《劝发菩提心文》，这就是本文的来由。

这篇文出自大师的诚心，文字浅白，意义深远，易读易懂，至情至圣，当时许多人读了，都被感动得忍不住要掉泪。有人说读李密的《陈情表》而不落泪，是不知孝道，不可以为人。我认为读省庵大师这篇《劝发菩提心文》而无动于衷的，也就不配称为出家人了。

大师住持的名刹，计有永福寺、普庆寺、海云寺、梵天寺等，可说化度了很多的学佛者，最后在梵天寺住持法席。雍正十一年（公元一七三三年）四月初八佛诞日那天，他预知时至，当时就对寺众说："明年的今天，我要往生。因此自今日起，不能再花那么多时间在寺务上面，我要闭关专心念佛。"在关中，一天当中要念十万声佛号，精勤不懈。除了利用一寸香的时间和人应接开示、指导学佛外，其余时间都在用功。

雍正十二年（公元一七三四年）的四月十二日，他告诉寺众："十天前我就见到西方三圣降临空中，今天又重现，我不久就要往生了。"说完后，将寺内各事详细交代一番。有人请他留个偈言，他挥笔写就。这首偈写的是："身在华中佛现前，佛光来照紫金莲。心随诸佛往生去，无去无来事宛然。"写后，沐浴更衣，便不再进任何饮食。到了四月十四日中午，召集了四众弟子，在大众念佛声中安详生西，世寿四十九岁，当时异香满室，呈现了许多瑞相。

大师圆寂的消息传出后，各地弟子都纷纷赶来瞻仰遗体，弟子几乎都来齐，人人都露出悲伤的神情。谁知这时大师忽然睁开眼睛安慰大家说："你们不必那样悲伤，我是往生到西方极乐世界呀！况且我是去去就来，你们应该明白，生死事大，轮回很可怕。所以重要的是各自净心，念佛用功，记住我的话吧！"说完，在大众充满惊愕的表情下，又念佛往生去了。像大师那样，能够修行到来去自如，是何等的洒脱啊！如果不是过来人，不是历代祖师，谁又能轻易办到？

大师在往生时尚且现身说法，无非是证明一件事，我人专心念佛，念到一心不乱的境界，西方教主阿弥陀佛自然会来接引。念佛往生，功不唐捐，却是一点都不假。

大师是净土宗第十一代祖师。一般人都知道，在他以前有第八代的莲池大师，在他以后有人人敬重的印光大师，是第十三代祖师。凡对念佛法门修持得最好，对学佛修行人有很大贡献的，人们才尊他为祖师。这位大师一生所写的诗文以及《西方发愿文注解》等几篇文章，后人将之编在《省庵法师语录》里面。在《续藏经》里，也保存了《省庵法师语录》。

以上对这位净土宗一代祖师的生平、参禅念佛、度化群生的经过，不过是作简单扼要的介绍，如果想知道得更详细，不妨参看《净土圣贤录》以及《省庵法师语录》这两部书，有关省庵大师的传统记载，自然较为详尽。

本文讲解

1. 绪言——序分

　　讲解本文，仍然要按照一般讲解经论方式，也就是依照三分科经的方式，将全篇文字分成序分、正宗分、流通分三段来解释。从"不肖愚下凡夫僧实贤"至"方得名为真正发菩提心也"是本文的序分，从"此菩提心，诸善中王"到"是为发菩提心第十因缘也"是正宗分，从"如是十缘备识"到文的最后是流通分。

　　再说，一般经典序分，都具有通、别二序，通序又称作证信序，凡佛经正文一开始，总是以"如是我闻，一时佛在……"等六种成就条件，证明那部经确是佛陀金口宣说的法音。别序又称作是发起序，就是说明那部经的动机，为什么要讲那部经。这篇文是中国近代祖师所作，无须列出六种成就来说明，自然使人相信，因此略去通序不谈，但说别序，以说明发起本文的殊胜因缘。

心愿是修行根本

不肖愚下凡夫僧实贤，泣血稽颡，哀告现前大众及当世净信男女等，惟愿慈悲，少加听察。

这篇《菩提心文》从开头"不肖愚下凡夫僧实贤"到最后"愿与大众共勉之。幸甚！幸甚！"本文结束，共三千六百十八字，比《普门品》多一半，比《阿弥陀经》多上一倍，文字实在不少，但全篇都是文言。由于大师是清朝时候的人，离现代相差不过二百多年，因而文字很通俗，很浅显，只要是国文有一点基础，都能看得懂。

"不肖愚下凡夫僧实贤"

文章一开始，省庵大师就用那谦虚的口气，因为当时涅槃法会大众面前，面对着出家众、在家众，圣、凡都有，或者有的是菩萨示现，或者有的是祖师乘愿再来，并非一般肉眼轻易能辨识，为了说话有分寸，不但不可贡高我慢，反而愈谦虚就愈好。一个人能谦虚，并不就是贬低自己的人格，从来道德好、学问高的仁人君子，愈懂得如何谦虚待人。古德所谓"满招损，谦受益"啊！

谦虚的人能从别人处学到好多东西，以谦虚的态度待人，最易受人恭敬和亲近。

"不肖愚下凡夫"，正是十足的谦辞。"不肖"是不贤、低劣的意思。世俗往往以败家的不孝子称之为"不肖子"，失去了做人的原则。现在大师说的"不肖"即是人格上有缺点，虽是出家也不够僧格。"我是不肖的出家人啊！"身虽出了家，样样不如法。其实，大师希圣希贤，以他的法名"实贤"，顾名思义可知，哪里有不贤的地方？因此这所谓"不肖"，不是真的不贤，纯粹是一种谦虚客气话了。

"愚下"，"愚"是愚痴、笨拙、不聪明；"下"是低下、庸俗。合起来，"愚下"这两字即是说自己并非上智，没有大根器，只不过是一个根机愚钝、下根下智的人，甚或可说是众生中一愚痴而不堪造就之人。真的是这样吗？不是的！省庵大师能如法修持，修得预知时至，后来又念佛生西，分明是位令人尊敬的祖师，怎么会是下根下智呢？他是上上根的人，"愚下"这两字明显是他谦虚的自称话罢了，我们不可以当真。

"凡夫"，凡夫是指在迷的凡夫，和明心见性的圣人有别。省庵大师表示自己愧对前人，并不是圣人，不过一介凡夫而已，身虽然已出家，却无修无学，仍然是在迷的凡夫俗子。事实上是如此吗？当然不是！事实上，大师确是一名高僧，在这里先称不肖，再称愚下，又称是凡夫，无非是加重语气，强调自己学德俱无、修养不足的谦虚语。一般来说，谦虚的话比较容易被人接受，也具有说服力。大师那么样的谦虚，认为自己德学和修持不如他人，他的自谦反足以表出他的人格高尚，无形中具有相当的说服力。

"僧"，是梵语"僧伽"的略称，我国人每每喜欢简略，因此只是称"僧"。翻译成中国话是"和合众"，就是指有组织、有规律、一起修行、志同道合的人。"和合"的意义是身和同住，口和无诤，意和同悦，戒和同修，见和同解，利和同均这六种和合。浅显地说，就是彼此思想一致，行为协调，戒律共守，过着非常和谐、安乐、清净理想的团体生活。

世上有三种僧：一、菩萨僧，例如文殊师利菩萨、弥勒菩萨。二、声闻僧，例如舍利弗、目连。三、凡夫僧，即有正见、能开示佛法利益众生，但尚未证得果位的僧人。凡夫僧既现出家相，具足得道条件，好好如法修行，迟早必得佛道，故此还是值得我人尊敬、学习的对象。我们对任何一类的僧宝都不可轻慢。古德说："僧是胜友，故应归依。"僧宝是我们应该信赖、皈依，从而向他请求教益的。

"实贤"，是省庵大师学佛修行时，他师父为要他向圣贤学习，取了这样一个法名。他并没有辜负其师对他的期望，他埋头用功，老实修行，终于修成往生西方、上品上生，自然可与古圣先贤并列，而名副其实。大师写本文，首先表示自己的身份，谦称自己不是什么贤人，也不是有德、有学的修行僧，只不过是一个不学无术、平平凡凡的出家人罢了。

"泣血稽颡"

一般人多说哭泣、哭泣，其实"哭"是放出声音来或大声地哭，而"泣"却是没有声音、静静流泪，或者仅仅是很轻微的饮泣。至于"泣血"，不是真的流出了血来，只是形容内心无限的悲伤。大师怀同体大悲的心怀，眼见末法时代，法弱魔强，佛教衰败，狮虫作祟，念一切众生在六道中，生死死生，轮回不息，受无穷苦，内心的悲痛之切，所以用"泣血"来形容。

"稽颡"，"颡"是指头部的地方。佛弟子礼敬三宝，行五体投地最敬礼，头部必须接触到地面，停了一会儿才抬起头来，这么样的恭敬行礼，叫稽颡。有一种礼拜，拜下去，头额根本不到地就站立起来，这便是我慢礼。如果这么样拜，倒不如不拜的好。

"哀告现前大众"

大师怀着沉重的心情，运用悲伤的言辞来劝告大众，这叫"哀告"。大师是在阿育王寺向参加涅槃法会的大众哀婉劝告的。

　　　　"及当世净信男女等"

　　"及"是以及。"当世"有两种意思：一是当今之世，除开涅槃法会上的人外，其他尚未参加法会的人，希望他们都能发心修学；二是当来之世，指未来将要来到，也就是顾到未来听闻佛法的大众。希望这篇"文"能流通到来世，凡看到的人都能发菩提心。

　　"净信男女等"，就是对佛法信心具足、毫无杂念的男众、女众。对这些人来讲佛法，讲本文的道理，讲当发菩提心。"净信"是清净心正、信仰坚定的修行者，不限僧、俗，如心正意诚，有具足的信心、清净的意念，都可称为"净信"。我们要晓得，信有四种：一、盲信：盲目的信仰，没有主张，听凭他人安排，人家叫他信就信，要他拜就拜，无论佛菩萨或者是鬼神，为什么要信？为什么要拜？一概不知。二、邪信：信仰是有了，可惜信的是外道邪法，拜的是天魔鬼神。或者虽然信的是佛教，但不是真正为了生死求菩提，邪心求取利益，所信仰的是不正的。三、杂信：一会儿信正法，一会儿信邪教，没有一定的目标，信仰心复杂得很。四、正信：只是信仰佛道正法，其他天魔外道绝对不信，因此思想非常的正确与清净，这又叫作净信。

　　我们要注意信的重要，佛教有所谓"七圣财"，里面以信财为第一。信心具足当然也就是夙植善根的人，有信然后生一切善法，有信方能入佛法智慧海。《华严经》说："信为道源功德母，长养一切诸善法。"《十法经》说："信为最胜乘，运载成正觉。"所以，对于三宝应具有信心，而且是纯洁、无一丝染污成分夹杂其中的信心，这样才配称为三宝弟子。

"惟愿慈悲"

"惟"是唯有、只有，"愿"是心愿、愿望。这里是指省庵大师的心愿，也即是愿度无边众生的菩萨宏愿。从我们修行开始，到成就佛果的中间，必须经过信、愿、行的三个阶段。因此先具正信，接着要立正愿。

"慈悲"，慈是与乐，把快乐给他人的心意，悲是拔苦，想要拔除他人的种种痛苦。慈悲，仁慈的德行，实在是从宇宙的大精神流露而来，是天地大道的根本。自内心不断增益这样的德行便叫自觉，将这仁慈的德行向外发挥、广大开展的便叫觉他。自觉、觉他圆满，方能成佛。从来诸佛、菩萨都有大慈大悲，学佛的人以佛、菩萨为学习榜样，所以也应当发起慈悲心来。

省庵大师哀告大众时，以自己人微言轻，怕不受重视，所以说了这句：但愿在座各位慈悲，来接纳我所讲的话。

"少加听察"

"少"就是少少，"听"是听闻，"察"是观察。"少加"二字应贯通在听和察上面。听了不察，等于不听。听了好好省察，由闻起思，才能获得法益。因此说，请你们花少少时间，用少少精神，细听我讲这篇文。听了以后，还要进一步地去观察、研究，看看我讲得有没有道理？是不是符合佛的正法？

尝闻入道要门，发心为首，修行急务，立愿居先。愿立则众生可度，心发则佛道堪成。苟不发广大心，立坚固愿，则纵经尘劫，依然还在轮回，虽有修行，总是徒劳辛苦。

这段文正是说明修行佛道，第一要紧就是发心和立愿。大师特别指出，我曾听善知识说过，要想踏入佛门，最重要是发心，从发心开始。至于修行紧急的，就是要将立愿作为先决条件。因为能立下了度生宏愿，度生便不成问题。同样的，发起广大心，佛道自然圆满成就。反过来说，要是不发起广大心，也不建立坚固的度生愿，就算修行经过尘沙劫极其漫长的时间，毕竟还是落在六道轮回里面，不能出脱，即使是有修行，也是辛苦一场，一切都枉费了。

"尝闻"

是说自大乘经典里听到过，表示不是光出于一己的见地。既然根据经中所说，不是凭空臆造，就含有代佛宣扬的意思。

"入道要门"

想要进入菩提道的重要法门。换句话说，是入佛知见的要门。

"发心为首"

"首"就是第一。第一件事是要"发心"——发菩提心，具足菩提心去实行，然后才能证菩萨道。

"修行急务"

"修行"是按照佛所教示去修习实行，不论身、口、意都要珍惜自己去修好它。"急务"是当前的急事。修行本来是读书人修道励行的意思，不过到后来却演变成出家修习佛道的专有名词。

"立愿居先。愿立则众生可度"

要想修行有成就，当然要树立坚定不移的志愿。学佛修行的大事，全赖立愿来完成。佛在经中说："如来大智尊，显说功德证。忍慧福业力，誓愿力最胜。"忍力、慧力、福德力、业力几种不同力量要拿来和愿力比较，毕竟愿力要较为殊胜。因为一定先要立了度生宏愿，众生才会被我们所度化。根据诸佛、菩萨的通愿，也就是

"四弘誓愿"："一、众生无边誓愿度；二、烦恼无尽誓愿断；三、法门无量誓愿学；四、佛道无上誓愿成。"第一条就是要度众生。诸佛、菩萨全都是这么说的啊！修菩萨道要发度尽三界六道众生的宏愿，像《金刚经》上面说："若卵生，若胎生，若湿生，若化生，若有色，若无色，若有想，若无想，若非有想非无想，我皆令入无余涅槃而灭度之。"如果真具有无边宏愿，一切众生自然都可度化。

"众生"的梵语是萨埵，旧译众生，新译是有情。本来众生应包含动物和植物，但有情是指有情识的动物，拣别无情识的花草木石。现在大多数解释众生，就指有情识的动物来说的。

不过，有情生命所以称众生，有如下的几种意义：第一，众法生义：就是众多之法和合所生。原来有情的生命，是由色、心八法（色法为地水火风，属于物质；心法为受想行识，属于精神）所构成。另外，这又通于众缘生义，即是说，由众多的因缘和合而生。这是说自己的业识是主因，加上父精母血的助缘，然后成就了这个生命体。第二，众类生义：一切众生从无始以来轮转六道，有的在天上，有的在人间，忽然到地狱受折磨，忽然去饿鬼道受苦，忽然做牛做马，沦入畜生道，不一而足，这样有着不同的种类，可说是千差万别。第三，受众多生死义：一切众生从无始以来，生而死，死了再生，生死死生，受着无量无边的生死苦恼。

"心发则佛道堪成"

心就是指的菩提心。佛道漫长，要走这漫长的道路，要先发菩提心，一心修学，全神迈进。菩提道固然十分崎岖，中途会遭遇种种魔障，然而只要发心坚固，意志甚牢，便会鼓励自己排除万难，不致因为受到挫折而气馁。那么再长、再难的道路，又有什么可害怕的呢？所以我们要发起等同诸佛自他两利的菩提心，这个心发得起来，佛道便指日可待了。

"苟不发广大心，立坚固愿"

上文将立宏誓发菩提心都说明之后，再从反面显示，如果我们虽然学佛，但并没有发广大的菩提心，立下坚固不退的度生愿的话，还是无济于事。

所谓"发广大心"，就是平等慈悲心，周遍一切、普施有情，要有利益他人的心。而"苟不发广大心"则是指：现在不肯发把一切众生视同亲生子女一般的平等大悲心，也就是但发心持五戒、修十善，希求人天的有福报，或者仅仅志趣于修四谛、十二因缘法，求证得寂静无为的二乘小果，做个小乘行人。

至于"立坚固愿"，即建立坚固不移的菩提大愿。像阿弥陀佛的"别愿"，他所发四十八愿，每一愿都说：

"如果不能做到这样，不能利益有情众生，便不愿证成佛果。"又如地藏菩萨说："众生度尽，方证菩提。地狱未空，誓不成佛。"全是表示誓愿的坚固不移，在任何情形之下都不改初衷。从来佛、菩萨宁愿舍身命也不肯改移自己所发过的诚心宏愿，凡事都以度众生为前提。反过来则是，只不过是遇到了一些顺逆境界，居然就退失菩提心，不立坚固的誓愿。

"则纵经尘劫，依然还在轮回"

这样的修行人，即使是经历微尘沙石那么多的劫数，也无法了脱生死，而依旧在六道中，如同车轮般的轮转不停。

我们要晓得，轮回是没有尽期的，除非修到涅槃境界，否则很难出离生死，断灭烦恼。关于轮回，绝不是无稽之谈，而是有事实可以根据。从前《羊祜传》上面记载说：晋朝时有个叫羊祜的人，别号叔子。在他孩提时拉着他的奶妈，走到一个姓李的人家的门前，竟指着一棵枯树的洞穴，要求奶妈伸手去探物。结果在洞穴里拾得一只金箍子。这时羊祜十分欢喜地说："这是我前生放进去的东西哪！"奶妈惊奇地问："你前生？请说说看，你前生究竟是什么人？"羊祜不假思索便回答："我前生是这家姓李的小孩子，七岁大那年，由于自己不小心，就跌下了井淹死了。"还有诗人苏东坡也知道自己的前生，他前生是一位禅师，这在他自己所写的一首诗里表明说："前世德云今是我，依稀犹说妙高台。"

"虽有修行，总是徒劳辛苦"

假定没有发广大心，立坚固愿的结果，就是经过以一粒微尘代表一劫，无数劫数的时间，本想超出生死轮回，却还是在生死苦海中无法跳出。那么尽管你有修行，而且怎么样的用功法，到后来还没有用，不可能证成佛道，不能得到佛法的实际受用。试想，这么一来，以前所修的，岂不都成了白费？平白地辛劳了一场吗？

以上无非说明修学佛道有两个重要条件，即是"发广大心"与"立坚固愿"，无论如何都不可缺少。

故《华严经》云："忘失菩提心，修诸善法，是名魔业。"忘失尚尔，况未发乎？故知欲学如来乘，必先具发菩萨愿，不可缓也。

这段文引经作证，凡修行佛道，一定要发心立愿。

"故《华严经》云"

所以《华严经》上是这么样说的。《华严经》在佛经当中，经卷最多，被称为"经中之王"。从前教主释迦牟尼成佛的时候，将他所证得的真理，为弟子们宣说的，就是这部大经。这也即是说佛为了大根众生转无上根本法轮，最重要的一部经。佛灭度后，到龙树菩萨，才开始将这部经传布于世。

"忘失菩提心，修诸善法，是名魔业"

先说"魔业"的"魔"是梵语"魔罗"的略称，如果照意译是障碍、扰乱、能夺命、破坏等。可见凡是障碍善法、扰乱我们身心以及破坏殊胜的善事因缘，都叫作魔。在这里是指欲界第六天主魔王。大凡魔王是处处和修道者作对，漫加阻扰与加害。魔有很多种，以天魔来说，他担心三界众生要跳出三界，因为他希望众生都作为他所统治的魔子魔孙，不然他的魔眷不断减少，他的势力也相对减弱，因此他总是以种种魔法、诡计来恼乱修行学佛的人。

佛在《华严经》里告诉我们：一个修行人，忘失了菩提心，虽然他修世间一切善法，凡是利益人群社会，世上种种慈善事业都做得不少，可是呢？修善法必须要同菩提心相应，使成为学佛、成佛的资粮，一旦忘失了菩提心，即使修世上一切善法，可惜与菩提心不相应，那么就没有功德可言。所修的不论世间或出世间法，到后来都成为魔业。

"忘失尚尔，况未发乎"

由于忘失菩提心，修一切善法，最了不起是感得人天果报而已，没法脱离魔王的掌握，做魔眷属是迟早的事。因此说：要是已经发过菩提心，一旦忘失了，尚且是魔业，更何况根本都没有发过菩提心呢？那样的人要是有任何修行，无疑更是魔业了。

　　"故知欲学如来乘，必先具发菩萨愿，不可缓也"

本段结尾显示发心立愿乃是修行的根本，勉励要尽快发菩提心。这里斩钉截铁下一结论说，由此可知，想要修如来业，成就大乘佛果，一定要先发菩提心，立下度生的大誓愿，这是修行者刻不容缓的事情。

　　佛陀教法共有五乘。乘是车乘，表示运载的意思。佛所以要设五乘法，是为应众生不同的根机，运载众生到达不同的目的地。五乘是：一、人天乘，说五戒十善法，使众生修习能生在天上或人间。二、声闻乘，说四谛法，使众生超三界，证小乘阿罗汉。三、缘觉乘，说十二因缘法，使众生能还灭生死，证到辟支佛果。四、菩萨乘，说六度万行法，使众生能证得到菩萨的果位。五、如来乘，唯说中道实理，使众生断尽无明，证到究竟的佛果。如来乘是修学佛法的最后目标。然而要学如来乘，要证就究竟佛果，首先是要发菩提的四弘誓愿，假定四弘誓愿都发过，菩提道自然有成就的一日。

　　"不可缓也"，是劝勉词。警告我们别再拖延了，千万不可以慢了，要赶快发心立愿，迟了怕来不及！以世俗来说吧，世上有一种人往往因循苟且，不思振作，无论做什么事都不认真、不努力，抱着敷衍塞责的态度，而懒惰成性，今天的事拖到明天，"明天再做吧！"但明天以后还有明天，明天是永远不会完的，一直因循下去，什么事都不会成功。正如古人诗云："明日复明日，明日何其多？我生待明日，万事成蹉跎。"今天该做的事，为什么要等到明天才做？同样的，修学大乘佛法是极其重要的事，有什么理由也要等到明天？光阴迅速，人命无常，修行学佛，发心立愿，不能慢慢来，要马上去做好它。

心愿是立行的标准

然心愿差别，其相乃多。若不指陈，如何趋向？今为大众，略而言之，相有其八，所谓邪、正、真、伪、大、小、偏、圆是也。

这里详细来辨别心愿的邪、正等八种相，以便初发心的人明白什么该做，什么不该做，作为立愿修行的标准。

省庵大师接着指出，要发菩提心，重要的是以发愿为根本，进一步讲到发心，而所发的有种种差别的心，明白是好的，当然要把它留下来，明白是坏的，要毫不迟疑地把它去掉，然后才能成就圆满。

"然心愿差别，其相乃多"

然而，心愿的差别相是很多的。"然"是起承转合词。我们所发的心，所发的愿，每个人都不尽相同。因此自然有很多不同的行相。那么，我们怎么来发心？发什么样的愿呢？大师对此有特别指示。

"若不指陈，如何趋向"

"若"是若果、如果，"指陈"是指示明白。我们究竟知道的有限，要是没有大善知识的引导，根据其指示我们明白道理，又怎么知道自己的发心是对的，还是不对的？所作所为是正确，抑或是不正确？到底所发的是不是符合菩提心呢？

省庵大师是一代大善知识，我们有理由相信，经过他所开导，当然是可以依从，万无差错。反过来说，要是遇邪师、邪教，因而发不正确的邪心、邪愿，最后只有入于堕落的一途！所以我们的发心立愿不能茫茫无据。

"今为大众，略而言之，相有其八"

"今"是现在，即省庵大师当时为涅槃会上的大众和所有佛弟子讲说本文的时候。"略"就是简略、简单，即是提纲挈要，要略而言。讲得太深、太繁，恐怕大众一时记不住，反不如简单明了做一说明，使大众易于领受和明白。此省庵大师说："我现在大略地为你们说一说，有关发愿的行相有八种的分别。"

"所谓邪、正、真、伪、大、小、偏、圆是也"

"所谓"指用下文来解释上文。这个相有八种，哪八种呢？就是有邪的、正的、真的、伪的、大的、小的、偏的、圆的这八种的分别。这都是相对来讲的，正和邪、真和伪、大和小、偏和圆，恰恰都是相反与对立的。也就是说，一方面是对的、正确的，我们应该趋向的，另一方面却是不对的、不正确的，我们不应该趋向的。接下去再解释这八种的意义。

"云何名为邪、正、真、伪、大、小、偏、圆耶"

"云何"，是疑问词，"什么是"的意思。前面所举述八种行相，什么是邪？什么是正？什么是真？什么是伪？什么是大？什么是小？什么是偏？什么是圆？什么是以上所讲的八种行相呢？

省庵大师下面就解释这八种行相。因为古德先贤，慈悲心重，鉴于一般凡夫学人，每多邪正不分、真假不辨，常常向邪教盲从，依假法而瞎修，到后来只有自己吃亏，不得益而反遭祸害，这是身为圣贤大德所不忍见的。

世有行人，一向修行，不究自心，但知外务，或求利养，或好名闻，或贪现世欲乐，或望未来果报。如是发心，名之为邪。

在八种发心立愿当中，首先谈第一种邪心、邪愿
之相。

"世有行人，一向修行"

省庵大师说，世上有一种修行人，你可以看到他一
直都在那里修行着。换句话说，这个修行者一直都用功
着，没有懈怠啊，那不是很好吗？

"不究自心，但知外务"

可是这类修行人是怎么个修法？他不知道参究自心，
只是知道向外面造作。"外务"，是向外面去造作。

"自心"不是指现在我们父母所生、世人肉眼所见的
肉团心，而是指真如自性、本有真心来说的。本有真心
不在内，也不在中间，无所在处，这是约空间来说的。
虽然无在，无所不在，这是约俗谛来说。真正修学佛法
的人主要是要修心，古德说："千经万论，悉明唯心。"
我们修行，要参究自己这念心是在内呢？或是在外呢？
抑或是在中间呢？是善的呢？还是恶的呢？抑或无记的
呢？为什么要天天修行，日日办道，无非参究这自心，
要参究到家，才能说是大事已毕。参究自心，长期摸索，
久而久之，就找到了自己的真面目。

不过，现代的修行人很少是这样，大多是"但知外

务"，这念心向外奔驰，像一头狂奔的野马，无法自勒。至于外务的对象是什么样的呢？下面便讲到。

"或求利养，或好名闻"

修行人求分外的事，攀缘俗务，或者是求利，或者是好名。所谓"利养"，即是财利供养。出家人舍俗入寺修行，实际并不在社会做什么职业的，当然生活所需取之于十方施主的供养。然而一分修行，一分供养，是理所当然的事。在家护法的财物供养僧宝，也有其功德在。问题是出家人以求道学法为第一，而维持这一期身命的种种供养，应当看得很淡泊，无固然不可，有也只限足够维生就好了，绝对不能求其多。是以我们要常常反省：今天到底有没有老实修行？今天的修行足以报答施主的供养吗？假使道德不足、修行不够，应该知道要惭愧，要在佛前忏悔，自勉精进。

其次，"名闻"就是爱名、好名，要自己的名声远闻。名誉原本是人的第二生命。一个对社会有贡献的事业家，佳誉遐迩，是实至名归。但老实修行的人就不同了，既然出家修行，用功办道，最重要是一切求实际，何须口中宣扬，靠旁人的赞美来标榜自己，炫耀不已呢？贪求好的名闻，毕竟是一种要不得的执着。

假如有一种人虽然发心修行，而心里对世间的一切名闻利养却始终放不开，贪求心未断，是无法明心见性的，别说是悟道了，这样也就失去了出家学道的本意。

从前有两个莫逆知己，一个身居官职，一个却是法师。一天，两人相聚在高楼地方，彼此闲谈一番。这时候，做官的放眼望到江海上有不少船只出入，便问身旁这位方外好友说："法师啊！你看到底有多少条船，在那江海上出出入入呢？"

法师回答："依我看，不过两条船而已！"

"什么？两条船？您没有说错吗？"

"没有！两条船！"

"明明是好多的船在那里进进出出的啊！您却偏偏说是两条船！这又如何能自圆其说呢？"

法师便解释说："是的，你所看到的事实，是有许多船在江面上进来出去、出去进来！但您不妨细心想想，那么多的船，船上的人所以乘船进出，目的不外是求名与求利罢了！故此，我认为只不过是名船和利船。我眼中所见，如此而已！"

做官的至此不得不表示赞同地说："高见，佩服！佩服！"

现代学子考试升等，为求名，为求利。商人做生意用尽了心计、奔走筹谋，全都是为了赚钱，为了财利。这世间人岂不全踏在名船或利船上吗？因此法师的话确实令人信服。

"或贪现世欲乐，或望未来果报"

或者是贪世间现有的欲乐，或者是贪未来世的果报。

心的造作除了上述利养、名闻，第三个对象就是贪着现在今生一世，色、声、香、味、触五欲的享乐。有人贪女色；有人爱淫声；有人愿闻俗香的气味，例如香水一类（有别于莲花的清香）；有人希望有山珍海味的美食，着重于"味觉"的享受；有人希望接触各样的人、各种的事。各种不同的环境的欲望，不一而足。大致上说，世人所贪，可以用"财、色、名、食、睡"五种欲乐的事情来包括它。这是每一个人几乎都不免的贪求的所在。但对于修行人来说，都是不应有的。因为这现在的欲乐是不究竟，全非真实，无法永久，而且贪着于它，就会妨碍道行。试想一下：奔向眼前所见的好色，一下子驰向耳所听的好声，一下子趋向身所受的好触，这一念心，如何安放在所观的对象上面？又怎么能如法老实地修行呢？因此，舍弃五欲乃是修学佛法的人舍迷途、登觉岸的主要条件。

心所造作的第四个对象，就是指获得未来的果报，希望将来得到天上人间的果报，要比现在好。有人由于环境的因素，学佛求道不成，便灰心地说："唉！我今生今世愚痴，什么也学不好，也只好寄望于来世了！"这种消极想法是错误的。我们指望未来世果报比现在这一世好得多，就算你求得，可是依然不脱三界轮回。不能了生死，就不能得到真解脱，生死既不能了，果报再好也没有用！自己若是不能度脱，还有什么好说的？所以，我们别贪求五欲享受，也不要想将来升天。须知，即使让你升得上天，到了天福享尽时，还会下堕。那么我们倘若觉悟的话，就应当怀着为了脱生死、成办佛道的愿望。末法时代的今天，最好是多念佛求生西方，才是究竟了生死、获安乐之道，又何必待到来世？

"如是发心，名之为邪"

假如发心不正，这心不断造作，贪现世，享五欲乐，望得来世的福报，等等，这都属于偏邪。"邪"是"正"的相反，这样不应有的发心，就叫作邪心。虽然发心修行，到头来也是枉然。

末法的今日，邪说猖獗，邪教流行，太可怕了！《楞严经》就这样形容说："佛灭度后，末法之时，邪师说法，如恒河沙，全真修行，总为魔眷。"印光大师也说过："今之外道，遍世间皆是。"有很多旁门左道假借佛教的美名宣传邪法，比如传道时仅许两人私相授受，不许第三者在场。又教初信者发誓，不得将教中所传授的一切秘密告知他人，否则要遭五雷轰顶，不得好死。或以毒咒，或加威吓，或用甜言蜜语，也无非是糖衣毒药。可惜信者不察，不知不觉地堕到它的陷阱里面去。

假如我们是个有坚决意志的正信佛教徒，千万别和邪道接近，尤其要时时戒备，莫被邪法迷惑。我们不但不能被邪说所转，还要肩负起转邪为正的任务。

既不求利养名闻，又不贪欲乐果报，唯为生死，为菩提。如是发心，名之为正。

前面讲过不正确的邪相发心，这里，大师继续要解释正确的发心究竟是如何。有一种人，他既然不是为了贪求世间的利养与名闻，也不去贪世上种种的欲乐，奢望未来的果报。他希求的只是为了了脱生死、成就菩提之道。因为"生死事大，无常迅速"。必须在这世间斩断一切烦恼根，跳出无边生死海，然后才能渐渐趋向成就无上菩提的大道。当然，了生死、成佛道是度众生，这样的发心，找到了修学求道的根本，认清了学佛成佛的目标，这才是真正的发心。这样的发心，就叫作正，是正当的、正确的。

古德说："此心未明，如丧考妣；此心既明，更如丧考妣。""此心"即是真心，"明"即是悟。我们的真心尚未觉悟的时候，好像是死了父母那样，因为我们深沉的悲哀是要求得悟明真心，那是非常急切的事，也是实在不易的事。茫茫人海，能真觉悟、真修行的人，究竟有多少呢？了知本来是佛，堕落轮回，虽然觉悟了，却没有去实证。生死未了，没有成就，这时兴起悲切的意念，更如死了父母一般。

诚然，我们不妨想想，古时的高僧大德淡泊名利，有的在深山结一茅舍，有的干脆在树下一宿，而舍贪、乐于道，而精进不息！现在我人住高厦，出有车，三餐既饱且丰，无有生活忧虑，还觉得不足，又不知为生死大事老实修行，清夜扪心，能不无愧么？

念念上求佛道，心心下化众生。闻佛道长远，不生退怯；观众生难度，不生厌倦。如登万仞之山，必穷其顶；如上九层之塔，必造其巅。如是发心，名之为真。

真实发心立愿是怎样的？这段文刻画得相当深刻。

"念念上求佛道"

往上趣求佛道的大愿，佛道即是菩提，已经发起，态度诚恳，心中谨记而念念不忘。

"心心下化众生"

我们求成佛道，然后度脱一切众生像自己一样地了生脱死、离苦得乐，除此再无其余杂想。像这样纯正的心念，可说得上是神圣的。

"闻佛道长远，不生退怯"

听说成佛的道路很长远，然而一点都不会生出害怕退缩的心。所谓"佛道长远"，凡夫想修成佛道，须像一切佛经所说三大阿僧祇劫的久远时间。《止观》上说："三阿僧祇劫修六度行，使功德身肥，百种相好，获五神通。"所以说是长远。

根据经典上的记述，释迦如来从古释迦佛处发心修行，以至尸弃佛，中间值遇七万五千佛出世，是为第一阿僧祇劫。从尸弃佛以至然灯佛，中间值遇七万六千佛出世，是为第二阿僧祇劫。从然灯佛以至毗婆尸佛，中间值遇七万七千佛出世，是为第三阿僧祇劫。

再约菩萨的阶位来区分三阿僧祇劫：从十信到十住、十行、十回向的四十位，要经历一阿僧祇劫，这是第一阿僧祇劫。从初地以至第七地，也要经历一阿僧祇劫，这是第二阿僧祇劫。从八地到究竟佛果，又要经历一阿僧祇劫，这是第三阿僧祇劫。可见成佛道路的长远。

《法华经》里有一则令人感动的故事——距离达五百由旬的长远路程，方始到达佛地。当时有一位导师引导着许多修行人要去佛地。由于路远且崎岖难行，因此不少人走到半途，就心想后退了。假如一退，当然失去了大利益，前功尽弃了，是很可惜的事！这位导师就诚恳劝勉大众说："诸位！前行路途固然艰辛，但我们毕竟已经走了一半，向后退同样也是路远崎岖，前进或后退都是件艰难的事，我们何不鼓起勇气前进？"

虽然说了好话，有的人却无志于前进求道。为了怜悯他们，不愿他们半途而废，功败垂成，所以这位导师就方便设一化城，劝大家稍为前进一点点，说明只要向前进一点，前面就有大城可供中途休息的场所。化城是比喻小乘方便涅槃，特别为小根怯弱之辈而设的。

"不生退怯"，是勉励学佛、修菩萨行的人，不要一听说佛道长远艰难，便生起害怕要向后退的心。应更加积极振作，克服前途的艰难，排除层层的阻碍，一定要达到求得佛道的目的地，抱着只进不退的恒心来。

"观众生难度，不生厌倦"

"众生"，一切动物，都集众缘而生，都经历无数的生死，因此叫众生。众生的数量无数无边，难以计算，然而每一众生都有他们不同的根性。如是善根性的众生，不用说，很好度，只要因缘来了，甚至不花吹灰之力就度化了。不过大多数却是刚愎自用、顽劣根性的众生，他们不仅不接受长者大德的教化，甚至还出言不逊、漫加侮辱，或者设法陷害呢！所以说是"众生难度"。

常常听到有的法师提起，当法师劝化人学佛时说："某某啊！发心啊！跟我学佛修行，不是很好吗?"但对方不但不接受好意的劝告，反而给予白眼，没好气地回答说:"学佛修行? 哼！我忙得很！哪里有时间跟你学佛修行?"他们忙着做各种事，忙着赚钱，忙着争名夺利，忙着游戏娱乐……你看，修行实在不简单。度众生，哪里是好度的呢？往往有的人拒绝了学佛，这还不要紧，他还处处攻击你，背后放冷箭，使你防不胜防，气个半死！但是不能说看到顽强难度的众生就罢手，不去度他们了。要知道，只晓得自度而不知度他，就不是真正学佛者的态度。修菩萨行的人发菩提心，是为了要度一切众生的呀！

我们无论遇到哪一类的众生，都要抱着"不生厌倦"的心情。厌就是讨厌，倦就是疲劳。不讨厌他们，不觉得度他们很难，遂使自己疲劳，从而萌生懒惰，事事灰心。我们要除去一种概念——"这度众生太不简单了，没办法度啊！"固然事实上有的已引度入佛门，中途又退失求道的意志而出去了！哎！度生的事原来那样麻烦！不这么想，不嫌众生是如何的顽强难化，度生是何等麻烦可厌的事！这正是菩萨所以为菩萨的真精神。

其实我人心里面的众生，比外面所看到的形形色色的众生更难度，可不是吗？心里面有贪吃的众生、贪睡的众生、我慢的众生、嫉妒的众生，他们随时都待机而发。试想，我们学佛多年了，修行也好久好久了，可是这么多心里的众生，我们度到了没有？也许我们没有度到他们，反被他们把我们度去了也不一定！这一点，我想我们是应该深思的。

佛宛如医王，对愚顽难度的众生，一一应病与药，除去他们的病根。虽然遇到违逆谤毁，终究没有丝毫的反悔，也绝不会生起厌倦的心念。比方《宝积经》中有常精进菩萨，为了度刚强众生，锲而不舍，教化不厌。又《六度无极经》中有常悲菩萨，见世间秽浊，背正向邪，所以常常忧愁悲恸。他舍家入山苦行，东行两万里，遇上法来菩萨，听度无极之法，成就佛道。又《智度论》中记载有常啼菩萨，少时喜啼，所以名常啼。这菩萨行大悲柔软，见众生在恶世贫苦老病、受种种苦因而悲泣，更为求无上佛道，忧愁哭啼七日七夜，终于证得菩提道。以上诸菩萨，为度众生，为求佛道，不怕一切艰险阻扰，也不生厌倦的念头。

"如登万仞之山，必穷其顶"

"万仞"形容山的高度。周朝时的尺较我们现在的台尺要小些，八尺叫作一仞。所以，万仞就是八万尺，可见高度之一斑。这句话的意思是，好比我们爬上一座很高的大山，一直努力爬上去，必定要爬上山顶，到了穷尽、再无去路、最高的地方为止。不能仅爬到一半就说："哎！那么高，又那样难爬，爬到一半，不要再往上爬了啦！"这样尚未达到目的就算了，是不对的。要不怕那山势高险，道路艰辛，无论怎么危险，也必然要攀登山的顶峰，才能临高眺望，看清四野的全景。学佛和爬山也是一样的，不能仅学到一半就说："我不想再学了，那么难学，成佛是那么难！"

"如上九层之塔，必造其颠"

普通一般佛塔不外是七层到九层。九层宝塔已相当的高，当然最高也有十三层的，但毕竟少见。"颠"是最高处的意思，这里也是一种比喻的言辞。一个人登上了宝塔，目的是九层，到了最后一层，也就是到达了目的地。这好比成佛，要度众生功德圆满时，才能成佛。我们登上宝塔，一层层沿级登上，不可以怕累，要是还没有登上塔顶，心中就怕难、怕高，想："好高，好累人！不上去了！"怀这样的心是无法成事的。

上面四句即是志在菩提，不肯中止化城的意思。

总之，我们要正修精进。正修精进有两种逆缘——第一种：虽然见到了善法，能够去修，然不趣入，没有深入。为什么这样？因为人们惯常有拖延、懒散的习气，不知道要及时地去修习正道。况且因为贪的执着覆蔽，所以造出了不好的行为。对治方法，应该对这样的人说："你现在所得的人身，很快便会坏灭，命终以后，就堕入恶道。这个善巧人身，便不再得。现在你要观看、研究正法，自然生出喜乐。至于那些平日没有意义的谈论，掉举（心不静）、散乱，只有使你失去和破坏现前明白的义理。何况后世还会生到许多恶趣的地方。你要彻底灭除不当的想法和行为，还是赶快的精进要紧！"

第二种：因为怯弱，所以犹豫不前。怎么样的怯弱呢？这分三种来说：一是，我没有办法得到无边的佛法功德；二是，我不能实行布施身体手足那样无量的难行布施；三是，面对无数轮回生死的痛苦，心里面生出害怕。对治的方法是怎么样的呢？应该对他们说明，往昔诸佛也不是起初就得到甚深的佛道真理，也是和我们一样，由于渐进修持，然后证成了佛道。像佛（释迦牟尼佛）尚且要授记成佛，可是比我人还差的，也还是能够证得菩提。如果我人不舍弃精进，又怎么会不能证得菩提？假使对于舍身等布施行，心中起了很难去实行的念头，那么暂时也就不必立刻去舍它。因为施舍本来是布施的行为、牺牲的做法，要心里存有喜乐，然后才能舍啊！菩萨是已经断了见、思二惑，所以心中没有苦的念头，身心常时安乐，精进意念增盛。虽然处于生死，却没有讨厌、忧患的想法。我们能够这么想，便能够遮止怯弱。

　　其次，正修精进，依止顺缘来说，有四种大力。一、胜解力：能引导取、舍二种欲，不失正道。二、坚固力：未善观察，不当趣入，既善观察，然后趣入，由这修习以至究竟。三、欢喜力：好比孩童贪玩，没有餍足的时候，勇猛精进也是这个样子。四、止息力。身心疲劳，即暂止息。休息过了以后，仍然要起精进，这么样地不间断去精进。

如果依止顺缘、遮止逆缘，就能够使得身心轻快，像棉花一样，随风而自在地翻腾，精进不懈了。菩萨具有六度的精神，自己住于精进以后，还要使他人安立在精进之上。

"如是发心，名之为真"

像上述这样发心：念念心心要上求下化，不怕佛道长远，不厌众生难度，比方我人爬山必须爬到山的顶峰一样，又如登塔也一定要登上那最高的一层，然后能够"穷千里目"。这样才是真实发菩提心的人。

有罪不忏，有过不除，内浊外清，始勤终怠虽有好心，多为名利之所夹杂；虽有善法，复为罪业之所染污。如是发心，名之为伪。

"有罪不忏，有过不除，内浊外清，始勤终怠"：

省庵大师指出，有一种修行人，有了罪却不能忏悔，犯了过也不愿灭除。这样的人外貌看似清高，内心实在污浊，开始时相当勤奋，后来却显得怠惰。的确，这正是部分修行人的毛病。

"罪"和"过"看起来像是一个样子，其实它们的含义还是有分别的。所谓"罪"是有心所造的罪业。例如存心用诈术去诈骗人家的钱财，甚至想到谋财害命，那么这要经过刻意的安排，结果用不正当手段表现出来，这一种造成的罪恶就较重。"过"是无意中造成的过失，比如驾牛车无意中撞倒了行人，就犯上过失杀人罪。不过虽然是杀伤他人，并不是有心那么样做的，法律上就会站在公正立场，判较轻的刑罚。总之，有了罪当然要忏悔，有了过也一定要断除，但很多的人居然没有这么做，这是不应该的。

"内浊外清"，"内浊"是内心混浊而不澄清。"外清"是在外表上矫揉造作，装得一本正经的模样。有少部分修行人，外表看起来清净，道貌岸然，极可尊敬的样子，其实心里面满是贪、嗔、痴的烦恼。故内浊外清其实是一种伪装姿态，让人错觉："那个出家人好庄严啊！""这位法师确实是法相庄严！""他是个老修行啊！"然而，在根本上却完全不是那么回事！

"始勤终怠"，有的修学佛法的人，往往在开始时很认真，发心相当的勇猛，而勤学不止，这就叫"始勤"。可是，到后来却愈来愈松懈了，好像做什么事都提不起劲，这叫作"终怠"。做事欠缺耐心，一片散漫，不能贯彻始终，这不要说是学佛修行了，世人多是如此！中国人常被讥为"三分钟热度"，就是一开头兴致勃勃、干劲十足的样子，可惜经过了一段时间，不但不如先前热络，更是提不起精神来，到后来干脆放下不干。

我们不妨检讨一下，自己有没有犯了"始勤终怠"的毛病。学佛的头一两年好用功，有道德，有修行，整天是经不离手，频频拜佛，晚上还打坐不睡觉。然第三、四年后，觉得这么辛苦修行，还是没有得到什么感应，这时候似乎佛离我们很远。到第五、六年时变成一个"老油条"，什么事都不肯认真学，仿佛人生本来就是"混日子"的嘛！又何必学佛呢？那时候，佛在天边，更难了，恐怕永远见不到佛了。这样的情形就符合有人所谓的："一年二年，佛在眼前。三年四年，佛在半天。五年六年，佛在西天。"这也不是没修行，有好心和道心，也在修行，然而在修行的中间掺杂了名闻利养。也有做不少的善法的，遗憾的是所修善法被自己所造的一些罪业，不知不觉污染了。

"虽有好心，多为名利之所夹杂"

"好心"是仁慈的心、具有高度同情别人的心。乐于去做铺桥造路、创孤儿院、办养老院、设图书馆、施棺、施药、济助急难……凡是慈善、公益事都发心去做，这自然是值得称许的。可是另一方面，所做这些好事，却是存了一种博取善名、要人称许的心理，借以提高自己的知名度，因为有名也必然有利，名誉与利益往往是相伴之物。这样做慈善事，心却不清净，便是为名利之所夹杂，就如同把良药与毒药掺和到一起，药性自然变成有毒而不可服用了。

"虽有善法，复为罪业之所染污"

虽然修习参禅、念佛、持咒各种善法，但内心贪、嗔、痴仍在，有罪未忏，有过未除，这些惑业就将所修的清净行染污了。既是如此，又怎么能和佛法相应呢？

"如是发心，名之为伪"

像这样的修行是假的，不是真正的修行。总之，心有污染，即是不纯净。这就是非心，发伪心的人就是非心。修道的人对于非心，是必须遣除的。

众生界尽，我愿方尽；菩提道成，我愿方成。如是发心，名之为大。

接着讲的发心要心愿广大。

"众生界尽，我愿方尽"

十法界中，除佛以外，其余九法界都叫作众生界。《楞严经》说："世界、众生、业界，三种相续不断，无有穷尽。"众生作业不断，依业自然受果，所以众生界不尽。就度他来说，要到九法界的有情众生都给我度尽了，那么"我愿方尽"，我所发的度众生的大道心才尽，才算完毕。

"菩提道成，我愿方成"

必须要到无上菩提佛果圆成时，也才是了我的心愿。

换句话说，也就是"佛道无上誓愿成"的意思，这才是学佛修行的根本态度。

"如是发心，名之为大"

像这样的发心，可说是广大无比，这就叫作大。度他要使众生烦恼界全断尽，自度要到无上之正觉道都修完，真正完成自己的心愿，这样就是发广大心。

比方说，地藏菩萨发大愿说："地狱不空，誓不成佛。"在这虚空世界，六趣轮回，众生不被度尽，则地狱永不能空，那么，地藏菩萨的大愿也就永远没有穷尽。这样的发心当然是大心。地藏的本愿就是众生度尽，自己方证菩提。

阿难尊者在楞严会上发大愿说："如一众生未成佛，终不于此取泥洹。"他的愿心和地藏菩萨的"地狱不空，誓不成佛"都是同样的意义。又如观世音菩萨本来早已成佛，称正法明如来。但他发大愿入这娑婆世界拯救众生，只要众生一心称念他的名号，他一定应声来到，施以援手。像这些菩萨发的都是广大心，值得我们学佛的人拿来做榜样，向他们学习。

再谈到佛劝发大菩提心的因缘，可以分六点来说明。

一、为了阐明法界体性。我们要晓得，世间一切诸法，全是由菩提心生，这是毋庸置疑的事情。所以《华严经》说："心如工画师，能画诸世间。"又说："若人欲了知，三世一切佛，应观法界性，一切唯心造。"世间性体，不外是真、妄二法，或者称它是觉、迷二性。然菩提之心本自清净，能起一切善，所以名为觉。由于觉便无妄，因此叫作真。至于无明之本，本来没有自体，不过因有觉而有无明，这是对待之法。因为它既无自体，又障诸善，所以叫作迷。既然迷，自然不真，因此叫作妄。这么看来，真和妄，觉和迷，都是对待之一时假相罢了。这世界之体，既然是迷、妄不觉不真，就没有相、用可言。这就一切堕入了断灭。如今世界得成安立，乃是一切假相，全都由真心之所生，而不是在真、妄、觉、迷对待之外，别有一能生法界之法的存在。

二、为众生同具因缘的缘故。佛说："一切众生，悉有佛性。"又说："一切众生，悉皆有心，凡有心者，皆当成佛。"所以，应当劝一切众生发大菩提心，比如自己取自己家中宝，不要再向别人去乞求。其实十方世界一切众生虽然有种种形类、色欲、知见、意思、行为的差别，可是如果谈到身被苦所系，受着业报，随境遇的轮转，有顺或逆的忧喜情绪，有快乐，有嗔恨，有善或有恶，这一切的响应，并没有前后的不同。一切众生，要想到本来都是平等的，可是这清净大菩提心海，却被无明风吹动，所以生出八识的波澜。因为这个缘故，一切众生要念本来菩提，要念人我平等，所以菩提心也都平等无二。既然是自家珍宝，便无待他求了。

三、为诸佛本地因缘。《首楞严》说："十方薄伽梵（即诸佛），一路涅槃门。"《法华经》说："菩萨修一切诸法，唯是发菩提心以为根本。"由此可知，三世一切诸佛，没有不发大菩提心而成就菩提道的。十方三世一切无量无边诸佛，其所修集种种善行，证得种种深妙三昧门，示现种种神通变化，善转种种深妙法轮，各各差别也是无量无边。而诸佛本始因地，于凡夫道中，转凡成圣，最初一念，都是由于发起自所具足之清净大菩提心，那是并无二致的。正由于发这心勇健的缘故，精进修行，去除习垢，乃至证得无上大菩提，能作利益世间，所以如来好比是明镜。以万明镜，对万境界，照出的现象固然是各各不同，但是镜子的本体，却是初无有异的。

其次，又好比是一颗摩尼宝珠，于万种光色之间，一一随方所现光色也各各不等，可是珠性初无有异。那么佛随应度众生的影像色心，也现出各各不等的影像光色，这不是平常人的肉眼可以辨别的，但细究它的体性，实在并没有两样。什么道理呢？果地觉心，即是因地所发的大菩提心的缘故。因果相应，就叫作佛。所以，十方三世诸佛没有说不发大菩提心而能成就菩提的。因为这原因，应当劝一切众生发大菩提心，直趣菩提而成佛道。

四、为了要教示众生的大事因缘。《楞严经》说："归元性无二，方便有多门。圣性无不通，顺逆皆方便。"《华严经》说："从菩提心生一切佛法。"由于众生的根性习气，一个个都不同，并不是用一种方便就可以摄化。因此诸佛就众生各种类性，示现不同之身，就众生所知，来说对治的方法，务期去除他们的习气，开他们的知见，然后让他们能真正地明白，观照、修习这大菩提心。所以，一代佛教都是直谈唯心即身成佛之道。这也就是说，人天善戒、二乘禅定、三乘观行，乃至诸"方等"部，"华严""般若"，全都是胜妙方便之法，对治众生习欲，开其知见，使得渐悟本心。从这点可证明，佛说一切法，都是为发起众生大菩提心，除此，更没有别的旨意。

五、为了行愿因缘的原因。《毗婆沙论》说："初发心，是诸愿根本。"十方三世一切众生，无始以来被无明网所覆蔽，根、行、习、欲，各各不等。因此，佛为众生说相应对治方便法门，也各各不等。佛有八万四千法门，行愿诸法，无量无边。可是，如来法藏中固然有修令阿伽陀药（不死药）的方法，众生服用，好像遇上了医王，这方面来说，平等而没有差别。那么，到底是什么样的药方呢？即是所谓发起一切众生大菩提心，因为这是自利、利他的不二之道，是超凡入圣的唯一方法，是因果相应的、极为奥秘的法门。如果依照这个去实行，一定可以得到无上大菩提。《华严经》说："善男子！若有发阿耨多罗三藐三菩提心者，则已出生无量功德，普能摄取一切智道。"因此，为一切众生行菩萨大愿，应当劝一切众生发大菩提心。

六、为立一切功德的根本。我们要晓得由于这个菩提心出生一切菩萨行，三世诸佛从菩提心而生出的缘故。由此可知，一切胜业，无不本于发心，一切功德，无不源于菩提。世间众生欲得十方如来一切功德不难，但能发菩提心，实时可以集得。《入定不定印经》说得好："是菩萨摩诃萨，随以何时，随以何事，发菩提心。即于尔时无一不善而不舍弃，无一佛法而不生长。妙吉祥，由是菩萨具足如是不可思议胜功德故。"因此，要使得一切众生得无量功德，成就无上大菩提，当劝一切众生发大菩提心。

说到这个地方，或者有人起了疑问："一切众生都有菩提胜妙宝心，自体即具有熏习之力，应该能够凭持自力发起，又何必要他人劝说才能够发出来呢？"

答案是：好比木中虽蕴藏着火性，还是要靠种种钻磨方便之法，这个火才能得出。如果缺乏方便引发，木便不能出火了。一切众生也是这样，虽然有菩提之心，如果没有人用种种言说、种种方便、种种赞叹、种种劝请，恐怕就不易发出这个大心来。什么缘故呢？因为凡事须因缘具足，事情才成办的啊！独因无缘，是不能生长的。由于这个道理，劝一切众生发这大心，即是为一切众生作大胜缘。和合其因，使得速成无上菩提，教化一切众生。

观三界如牢狱，视生死如怨家，但期自度，不欲度人。如是发心，名之为小。

大相讲过了，再讲一讲小相。

"观三界如牢狱"

"观"是观察，是智慧的作用。"三界"指欲界、色界、无色界。界是界限，由于欲、色、无色界三界，各有方位分限，因此名为三界。先说欲界，就是指四天王天、忉利天、夜摩天、兜率天、化乐天、他化自在天的"六欲天"，还有人间界、畜生界、饿鬼界、地狱界等杂居地。欲有四种，就是：一、情欲；二、色欲；三、食欲；四、淫欲。我们须知道，五趣众生有男女区别，且有种种染欲，故此称为欲界。色界是指六欲天顶上的四禅天，四禅天当中，初禅有三天，二禅三天，三禅三天，四禅九天，共计有十八天。四禅共有十八天，这十八天里的众生虽有形质，可是没有各种的染欲。再说无色界，就是比色界还要高尚的：一、空无边处天；二、识无边处天；三、无所有处天；四、非想非非想处天。四空天的众生的特点是没有染欲，并且也没有色质，也不需要宫殿房屋物质，只是有受、想、行、识的四心而已。其中都是未了脱生死的众生。

这第六种发心相貌，是小乘人的发心。在小乘人眼光中，三界狭小得像监狱一般。监狱是关犯人的地方，令囚犯们受到严厉的管束而不得自由，自然狱里的人，没有不想早日出狱，脱离痛苦的。为痛切想要出离，佛在世时，很多已证阿罗汉果的小乘圣者，都要求佛陀以慈悲神通威力加被，在他们尚未涅槃时，即引领他们出离三界之苦。

"视生死如怨家"

一切痛苦里面，生死乃是人生的大苦。如果一天不能解决这生死大问题，就好比每天和怨家相聚一样，是何等痛苦的事。

原来生死有二种，即：一、分段生死；二、变易生死。所谓"分段生死"，就是指身体有长短的形段，生命有寿夭的分限，像这样的生死就是三界六道众生所受的生死。其次，"变易生死"，变易是因变果易，也即是讲菩萨、缘觉、声闻乘人带果修因、历位修证的阶段，又叫作不思议变易生死。

"怨家"，是有冤仇、互相为敌人者。怨家见面分外眼红，谁也不愿见到他。学佛修行的人不愿受生死的轮回，要解脱它，如摆脱怨家的纠缠一样。

"但期自度，不欲度人"

声闻、缘觉、阿罗汉等小乘精进的圣人，他们的观察结果，认为三界如同监狱，轮回生死直同怨家相遇，所以都恨不得早一天脱离。可是他们的目标着重求一己的解脱，不想度化他人也得到解脱，这明显地就是个顾己不顾人的自了汉。

"如是发心，名之为小"

像这样的发心，和前面说的大心有天渊之别，就叫作是小乘心。

若于心外见有众生，及以佛道，愿度愿成，功勋不忘，知见不泯。如是发心，名之为偏。

现在讲的是第七种发心的相貌。

"若于心外见有众生，及以佛道，愿度愿成"

行菩萨道的菩萨，可分为权教菩萨和实教菩萨两类。权教菩萨行的是事六度，即是有所执着的地方，认为我能够行度，六度是我所实行的，是以未能体达能行、所行的空无自性。以天台家的四教分别，藏、通、别三教中的菩萨都是权教菩萨，只有那圆教中的菩萨，才是实教菩萨。实教菩萨行理六度，是不起执着心，不见有能行六度的我，不见有六度为我所行，深切的体达能行、所行的无自性空。所以，权、实的分别是以有没有执着来作为根据的。有执着的权教菩萨自然比无执着的实教菩萨要差了一点。

我们要清楚的是，众生是菩萨心里面的众生，菩萨是众生心里面的菩萨，这就是说，众生与菩萨原本一体。从这个观点来看，菩萨所度化的众生，也无非是自己心内的众生。这里说，如果是不知心包太虚，心具十界，是以心外来见有众生，发愿要救度，见有佛道，发愿要圆成。这就是指权教菩萨。

"功勋不忘，知见不泯"

这样的菩萨作为，就是功勋不忘，知见不泯了。所谓"功勋"，指的是修行的方法、位阶及效果。众生在修行途中步步前进，很有功勋，一直到成佛时圆证佛性，已到无为无学的境界，就无功勋可言。因此，所修、所做的功德念念不忘，就是法执尚没有尽的意思。例如，从前有一位很信佛、常常做功德法事、竭诚拥护三宝的皇帝——梁武帝。有一天，他问达摩祖师："我做皇帝以来，度了不少人出家，建了不少佛寺，又常常听经，做了好多的佛事。祖师啊！我这么做，我的功德有多大？"

达摩祖师却这样回答他说："没有什么功德可说。"

这是针对梁武帝的着相，要破除他的执着，故意说的。世间像梁武帝那样的人、做佛法善事计较功德的人，实在是太多了，这其实就是没有彻底了悟。《般若心经》

里讲"无智亦无得"，一切法当下本来"并无所得"的啊！不要以执着心去度众生，才是真正具有功德，要如《金刚经》里说的："度尽一切众生，实无众生得度者。"

"知见不泯"的"泯"就是灭，即是菩萨去度化一切众生时，没有分别"我是度化众生，众生受我度化"的知见。如果认为另外有众生可度，有度众生的菩萨可见，毕竟不能成就菩提道果。所以，修学菩萨要以空无自性的智慧，来灭除分别的知见。

"如是发心，名之为偏"

从心外来见一切众生，认为有佛道可成，方始发愿度众生。做一切功德布施时，心中念念不忘自己的功德，又起了分别知见，认为有度的对象。这些观点就是偏颇的，称作是偏。即是偏执于一边，不归于中道。

若知自性是众生，故愿度脱，自性是佛道，故愿成就。不见一法，离心别有；以虚空之心，发虚空之愿，行虚空之行，证虚空之果，亦无虚空之相可得。如是发心，名之为圆。

接着讲第八种发心的相貌，发圆而不偏的心。

"若知自性是众生，故愿度脱，自性是佛道，故愿成就"

假如了知自性是众生，故此发愿要度脱众生；了知自性是佛道，故此发愿要成就佛道。

"自性"即自己的真如自性、妙真如性，本自具有，非从他求。佛法中，放蒙山时要念四弘誓愿，有两种的读念法，一种是："众生无边誓愿度，烦恼无尽誓愿断，法门无量誓愿学，佛道无上誓愿成。"这是权教菩萨所发的四弘誓愿，指心外有众生度，心外有佛道成。另外一种是："自性众生誓愿度，自性烦恼誓愿断，自性法门誓愿学，自性佛道誓愿成。"是实教菩萨所发的四弘誓愿。现在所谓"若知自性是众生，故愿度脱"，即"自性众生誓愿度"。因为众生原是我们自性中本具的众生，我们怎能视众生的痛苦无动于衷，而不去救度呢？

同样的道理，"若知自性是佛道，故愿成就"，也等于是"自性佛道誓愿成"的意思。因为自性本来是佛，所以要成佛道，无非是要恢复佛道的本有面目罢了。本有的自性佛，由于我们无明以来的烦恼以及业障层层的封蔽蒙污，以致不能显现。现在圆成佛道，就是把自性上面已蒙上的层层尘垢除去。污秽一除，便恢复了本来的清净，这样就是成佛了。所以，不要以为自性外另有一佛道可成，要是那样想，就错了。

"不见一法，离心别有"

发心度生成佛的人，必须是不见更有一法，是离心性而别有的。如果见众生以及佛道是心外有法，那显然不是佛所说的正见。依佛法来说，不论世间法或出世间法，没有一法是离我人自性而有的。《楞严经》里说："虚空大地，皆是妙明真心，自性中物。"故我们要用般若智慧，透视山河大地、一切有情众生，才发现原来这一切的一切，全在我们自性之中。

"以虚空之心，发虚空之愿，行虚空之行，证虚空之果"

至此，省庵大师告诉我们如何来发心立愿，修行证果，他说："要凭着像虚空一样的心，发虚空一样的愿，行虚空一样的作为，证像虚空一样的果位。"这是指这一念心虽说无法不在其中，可是当下空无自性，是无一法能形容，它是那样的无量无际，只好拿虚空来作譬喻，形容它的广大无边了。换句话说，要依着虚空般广大心，发虚空般广大愿，修虚空般广大行（利他行），证虚空般广大果（圆满的佛果）。菩萨心愿的广大，实际上是如此。

"亦无虚空之相可得"

也并没有虚空的相可得。如果以为有个实有的虚空相可得，又将落入执着。这也就是说，不但行愿果证是空，连空也是空，空相到底也是了不可得。如果做这么一番的认识，就是悟证诸法空性，才够资格做菩萨的。

"如是发心，名之为圆"

像上面所讲的发心，是最圆满的发心，最究竟圆满，就叫作圆。

知此八种差别，则知审察；知审察，则知去取；知去取，则可发心。

既然我们明白了这八种心的行相——邪、伪、真、正、大、小、偏、圆——的差别，就知道当怎么样来审度、思察。要是知道怎么样审度、思察，就明白像邪、伪、小、偏不好的，要拿去、取掉它，一个都不能留，绝不继续下去。相反的，好的如真、正、大、圆，就要留下来，让它继续。能够将去除、留存都划分得一清二楚，就可以发菩提心。像这么样如法的发心，也就绝不会出什么差错。

云何审察？谓我所发心，于此八中，为邪？为正？为真？为伪？为大？为小？为偏？为圆？

那么，用什么方法审度、思察呢？"谓我所发心"，"谓"是指下文来解释；"我"就是发心的人。下文接着说：看看自己所发的这念心在这八种当中，到底是属于哪一种？是邪的呢？还是正的呢？是真的呢？还是伪的呢？是大的呢？还是小的呢？是偏的呢？还是圆的呢？

要作一番深入的检讨与内省。

云何去取？所谓去邪、去伪、去小、去偏，取正、取真、取大、取圆。如此发心，方得名为真正发菩提心也。

怎么样叫作去、取呢？发菩提心的修行人对于邪心、伪心、小心、偏心这四种心，要除去它。但对于正心、真心、大心、圆心这四种心，却要采取它。

如果这个样子来发心的话，才称得上是真正的发菩提心。

到这里为止，绪论已讲完，接下去便正说本文。

2. 本论——正宗分

发心的殊胜因缘

此菩提心，诸善中王，必有因缘，方得发起。今言因缘，略有十种。何等为十？一者念佛重恩故。二者念父母恩故。三者念师长恩故。四者念施主恩故。五者念众生恩故。六者念生死苦故。七者尊重己灵故。八者忏悔业障故。九者求生净土故。十者为念正法得久住故。

"此菩提心，诸善中王"

这两句是赞叹菩提心的功能德用。前面讲过，发心有邪、正、真、伪、小、大、偏、圆八种的差别，我们当详为审察，看自己发心属于八种中的哪一种。要是属于邪、伪、小、偏，就要彻底除尽，以绝后患。要是属于正、真、大、圆，就得取起来，使继续到成就佛果。明白了发心的差别，应去则去，应取则取，才是真实发了菩提心。可是菩提心发起来必定要有因缘的呀！没有因缘，菩提心便发不起来，所以这段文就讲，菩提心是凭借什么样的因缘发起来的。

首先说，这所要发的菩提心、发这样的无上愿心，在这世间的一切善法当中，可说是众善之王。这个王字是做"自在"解释，比方古代国王全权治国，具有无上的权威力量。世上没有任何一种善法，能超过菩提心的，因为它自由自在，殊胜至极，所以用"王"来形容，一切善法没有不受它统摄的。

善法分有漏善与无漏善两种。例如持五戒，是人道的善因，而成人善；持十善戒，是六欲天的善因，是天界善（又名欲界善）；持无量心及禅定戒（不动业），是色界的善因，是色界善；灭色归空，修习空定，是无色界的善因，是无色界善。但这一切善都未能了脱生死，所以是有漏善，尚未能脱出三有，去尽烦恼，而证涅槃。

至于无漏善是如何呢？如声闻所修的四谛善法，是小乘善；缘觉所修十二因缘善法，是中乘善。这二乘行人所修，能了分段生死，能出三界，得证罗汉果及辟支佛果。如菩萨所修六度是大乘善；诸佛所修菩提心，是佛善。这二者能了分段、变易二种生死，得证涅槃。因此说这菩提心，乃是诸善中王（统领）。

"必有因缘，方得发起"

佛经上说："佛种从缘起。"又说："法不孤起，仗境方生。"一切事物的生起，必各有它的条件，在佛教称作是内缘与外缘，统称作是因缘。因为在我人的内心里，如果不是具有菩提种子，即使是遇到了外缘，也不会发菩提心。现在拿菩提心比喻麦种，一遇水、土、阳光等外缘，就能够结出果实来。而稗子却比喻是败种，虽然遇水、土、阳光，也不能结实。因此，我人内心由于具有菩提种子（佛性），倘一旦与外缘接触，立刻就发起菩提心来。

"今言因缘，略有十种"

"略"是大约、简略。省庵大师对于发菩提心的因缘，简单扼要地说明有十种。在这十种因缘中，前五种是属于外在的因缘，后五种是属于内在的因缘。这十种因缘是有它先后一定的次序，不能胡乱颠倒。下面逐一予以说明。

"一者念佛重恩故"

第一种因缘，修习佛法的诸佛弟子要明白，菩提心就是佛心，因此无论是出家或在家，应当时时刻刻思念佛恩，有以报答。试想，要是没有释迦牟尼佛降生，我们怎么能了解佛法，了脱生死，超越轮回，而取无生呢？所以，十种因缘以佛恩为最重，列作发菩提心的第一种。

"二者念父母恩故"

我们这个身体生命，乃是父母所赐予。经上说："人身难得今已得，佛法难遇今已遇。此身不向今生度，更向何生度此身？"人要饮水思源，想到承父母之恩才能降临这人世间，更何幸又能得听闻佛、菩萨的大法，成佛是可以期待的事。那么，为庆幸我能得这宝贵人身，拜父母所赐和养育，父母恩实在应该列作发菩提心的第二种。

"三者念师长恩故"

父母虽然生我、养我，可是教我的却是师长。所以，俗语尊称师为师长或师父。儒家说："养不教，父之过。教不严，师之惰。"足证师父者，是师尊犹如我之父母。然而教我、育我之恩，犹过于父母，因此俗谚："一日为师，终身为父。"所以，师长之恩列为发菩提心之第三。

"四者念施主恩故"

第四种因缘专指出家众来说。修道之人要具备四个条件，也可说是修道者的外缘（又称助缘），即是缘、福、财、地四者。先说缘，就是外缘，如所遭遇的环境，所接触的人、事、物等。出家人或是生具佛缘，自行发心，或受环境逼迫、遇人不善、遭逢祸难，这时得遇明师高僧指示修行之道，而出家为僧。其次说福，福是福报。一般人以为出家人的生活清苦，殊不知出家人是有福报，才能弃家修道。否则，有的人忙碌一生，临终尚且不得清闲，更遑论修道成佛。再说财，出家人如果没有施主的财物供养，就不能安心办道。住持寺院宣扬佛法、度化众生，更需要有财物、场所。所以除了缘、福、财之外，还要有地，地就是代表寺院、讲堂、精舍等来说的。所以，我人必须时时刻刻念施主之恩。古德强调施主恩说："施主一粒米，大如须弥山。"故将它列为发菩提心第四。

"五者念众生恩故"

第五种因缘，要想念一切众生对我的恩德。众生种类甚多，其中与我有直接关系的，也有间接关系的。如牛为我耕田，鸡为我司晨，犬为我守夜，我的衣食，取之于众生者尤多。况我人自无始以来，舍身、受身，不知已有多少劫数，此世为父母，他世为子女。未出轮回，必在六道之中，只不过我们未能修得宿命，不知道罢了。因此众生于我，三世有恩，直接、间接都有关联。所以，念众生恩列为发菩提心第五。

"六者念生死苦故"

第六种因缘，修学佛法是为了了生死，脱除轮回之苦。我人在昼夜六时，应时时觉察此身不断在迁流变化，生老病死，终归销殒磨灭。生时为业所苦，死亡到来，又为蜕变所苦。一时气绝，如龟的脱壳，蛇的脱皮；然死后神识漂流，随业受生，不能超脱三界，免除轮回，生死死生，从无休息，生变死变，是为大苦。所以，念生死苦列为发菩提心第六。

"七者尊重己灵故"

己灵，即是自己的灵觉之性，也即是众生本有的佛性。在我人现前身中，都具有这灵性，但被无明烦恼所覆遮，灵性不得发现。现在既然发出了菩提大心，则灵性复明；发心修行，不令埋没于五蕴六尘之中，使这灵性，得了脱身心，超出三界。那时候则"海阔凭鱼跃，天高任鸟飞"，自由自在，无拘无束。所以，尊重己灵列为发菩提心第七。

"八者忏悔业障故"

我人在修行的过程当中，先要忏除三障。三障是：一、惑障，又名烦恼障，即贪欲、嗔恚、愚痴等惑业；二、业障，身、口、意所造，即五逆十恶等业；三、报障，有依正、苦乐二报（所依之土、能依之身为依正二报。天人、修罗为乐报，畜生、饿鬼、地狱为苦报）。能忏悔这三障业报，则永断生死。所以，忏悔业障列为发菩提心第八。

"九者求生净土故"

佛称此世为五浊恶世，此土为娑婆秽土。此土众生，三障皆重，五逆具备，以一己之力，忏悔净尽，实在是不易，何况末法时代，助道缘少，所以必须求生净土，以期助道之缘增上。西方净土，诸上善人俱会一处。又有水鸟风树，皆演法音。念佛法僧，得无生忍，回向度生，来去自如，居于极乐世界，皆得不退转位。所以，求生净土列为发菩提心第九。

"十者为念正法得久住故"

正法是指释迦牟尼佛所说的教理行果，我们能对它信解修证。如果但有教理行法，证果者少，便是像法；但有教理，而无行果，即是末法。为念正法怎么样得以久住，必须真正发菩提心，信仰佛教，理解佛法，修行佛道，证得佛果。不但己身做到信解修证，并且也令人人都能对佛法信解修证，这样一来，正法始得久住。

如以上后五种因缘：念生死苦而可以了生死，尊重己灵而得以超三界，忏悔业障就能永断生死，求生净土便可以成佛度众；而念正法得久住呢？就是续佛慧命，永久常住，故念正法得久住列为发菩提心第十。

以上十种因缘，互有连锁关系，不容颠倒次序。

总观发菩提心的十种因缘之中，前五种都是念恩，后五种则为求生净土使正法久住，前五种为外缘，后五种为内缘。可是最后的目的，则在于成就佛道，往生极乐。

谈到求生净土，最简便的方法，唯依"念佛"这一法门，始能得度，这是圣贤与凡夫共修之道，并且下手容易而成功率高，用力不难而效力迅速。因为专仗佛力，所以易行、易成。圣道门修行，有历三祇百劫尚不能成就，可是净土门念佛，恶人于临终十念，尚且得见化佛援手，接引往生。《大集经》中说："末法亿万人修行，罕一得道。唯依念佛，得度生死。"又有人说："余门学道，似蚁子上于高山；念佛往生，如风帆扬于顺水。"由此可以证明，念佛称名乃是我人了脱生死、同证菩提最简捷易行的坦途！从古到今，所有禅门教律各宗，无不朝夕持念佛号，求生西方，即是这个缘故。

我们要念佛重恩

云何念佛重恩？谓我释迦如来，最初发心，为我等故。行菩萨道，经无量劫，备受诸苦。

念佛重恩的文，应分五段来解释。第一段"云何念佛重恩"至"备受诸苦"，是总说佛恩之深重。第二段"我造业时"至"心无暂舍"，是别释佛恩深重。第三段"佛初出世"至"何幸而躬逢舍利"，是自悲自庆。第四段"如是思惟"至"丘山难喻"，是由自悲自庆而生感念佛恩深重。第五段"自非发广大心"至"第一因缘也"，是由感念佛恩深重，而发起酬答的心愿。

现在先来解说第一段总说佛恩深重。

"云何念佛重恩"

"云何"这两字是疑问词，即是说，我们举出第一种发菩提心的因缘，是念佛重恩，这怎么说呢？究竟是什么道理呢？

佛其实在久远古昔之前，即已成佛。在无量阿僧祇劫前，有佛出世，名释迦佛。为了与二千五百多年前的佛教教主释迦牟尼佛相区别，所以称他古释迦佛。

古释迦佛出世的当时，我们的教主释迦牟尼佛却不过是名陶器师。古释迦佛以佛的慧眼观察，知道他的因缘到了成熟的时候，就带着舍利弗、目犍连、须菩提、富楼那四大弟子，来到他的家中。

陶器师一看佛与大弟子来到，内心无限欢喜，对佛恭敬礼拜，供养上好食品。于是古佛就为他说法，使他油然而生出了菩提心，默默发愿将来修行成佛，也像古佛一般庄严，并同这"释迦"的尊号。

当时陶器师有四位常随弟子，也发愿于将来陶师成佛时，仍然做佛的四大弟子，他们的名称也和这舍利弗、目犍连、须菩提、富楼那相同。由此可知，佛在久远劫以前，即已发菩提心，愿来这婆婆世界做佛。故说："谓我释迦如来，最初发心，为我等故。行菩萨道，经无量劫，备受众苦。"

"谓我释迦如来"

"谓"是指用下文来解释上文。

"释迦"本是印度四姓刹帝利种姓的一族。这一种族居婆罗门种姓之下，为四姓第二位，是国王、武士阶级，握有军政大权，统治其他的种姓，地位相当的尊贵。释迦是姓，又称瞿昙氏。释迦是我们教主释迦牟尼的略称。释迦牟尼译成中文，释迦是能仁，牟尼是寂默。我们的教主释迦牟尼真是具大慈悲、大仁爱，他博爱一切有情众生，名副其实是能仁。他最早是禅坐入定以降魔、体悟正道、圆成正觉，所以诚然具大智，静默用功、悲智双运，成就佛陀。

释迦牟尼的简史是这样的：他是印度迦毗罗卫国国王净饭王之子，母亲是摩耶夫人，诞生于城东蓝比尼园。生后七日，母亲便去世，由姨母波阇波提抚养他。他在幼小时，便对人生时有思惟，在阎浮树下想到耕农之苦，见诸兽抢着食物而厌恶一切的斗争。又因为曾出游四门，亲眼见人间生、老、病、死的各种现象，心中自然而然生出遁世的志愿。于是在一月夜，与宫中侍者车匿，乘骑白马离开王宫出城去，先是寻找到跋伽婆，从而听闻到苦行出离之道。

接着，他又访阿蓝伽蓝习数论派之法，又继续问道于郁陀罗仙人，可是都得不到究竟所需的真理。然后，他进入了优娄频罗村苦行林，修苦行达六年之久，以致形容消瘦，萎弱不堪。于是，他想到苦行并不是解脱涅槃之道，应该舍去，就在尼连禅河，受村女奉献乳糜，再到菩提树下静坐思惟，立志："不得正觉，不起此坐。"就这样思惟了七七四十九天，观四谛十二因缘之法，在十二月八日天破晓时，见东方明星闪烁，终得大悟，成正觉世尊，为人天师。这时他只不过三十五岁。从此之后四十余年，他遍游天竺（古印度）各地方，化导群类，直到公元前四八七年，在拘尸那城外娑罗双树下，入于大涅槃。

"如来"系佛十种通号里面的一种。佛的通号计有如来、应供、正遍知、明行足、善逝、世间解、无上士、调御丈夫、天人师、佛世尊。

如来是什么意思？"如"是不动，所谓"如如"，就是不更变。我人的自性本是如如不动。不变的理体就是"如"，随缘就是"来"。我们在不变的理体中，能随缘来度化众生。再说诸佛清净的法性理体，实在是"竖穷三际，横遍十方"，可说是无处不现，犹如，《金刚经》上面说的："如来者，无所从来，亦无所去，故名如来。"又依《成实论》："乘如实道，来成正觉。"诸佛乘如实之道来这世间，成就正觉，度化众生。

其次，其他通号的解释如后：

应供：受到天人的供养，所以叫应供。

正遍知：也即是正等觉，梵语是"三藐三菩提"。

明行足：三明之行具足的意思。三明是宿命明、天眼明、漏尽明，也就是六通中之宿命、天眼、漏尽三通。

善逝：行八正道而趣入涅槃的意思。

世间解：能解世间的有情、非情种种的事情。

无上士：佛在众生中为无上；于诸法中，得涅槃也无上。

调御丈夫：佛以柔软语、苦切语，能够调御世人，使入善道，因此称为调御丈夫。

天人师：佛是人间以及天界之导师，能教示什么是应做，什么是不应做，所以叫天人师。

佛世尊：佛译为觉者，世尊是被世人所尊重的意思。

"最初发心"

佛教讲因果，有因才有果，有果必有因。我们的教主所以成就佛果，这不是偶然的。佛因他最早发菩提心的时候，也就是往昔在古释迦佛时，他只是一个陶器师的身份，在那时就已经发了不平凡的希佛成佛的大心了。

"为我等故"

释迦牟尼佛最初发心并不为个人了生死，成就阿罗汉果为满足，他完全是为末法众生的我们。

在写这篇《劝发菩提心文》时，这里"我等"两个字的原意，"我"就是省庵大师自称，"等"是当时在会大众等人，以及一切未来众生。现在我们不妨把它这么认为："我"是指我自己，学佛修行的本人；"等"是我身心以外其他的众生。

"行菩萨道"

菩萨是"菩提萨埵"的略称，旧译为大道心众生，新译为觉有情，是说求道大心之人。又，萨埵有勇猛之义，是勇猛以求菩提的人，又译作高士、大士等。菩萨上求菩提，成无上觉；下化众生，同登极乐；自觉觉他，觉行圆满；广行六度，修一切世间、出世间善法。

六度，梵语是六波罗蜜。一、檀波罗蜜，檀即檀那（施主）的简略，译作布施，是财施、法施、无畏施之大行。二、尸罗波罗蜜，尸罗译作戒，在家、出家、小乘、大乘等一切戒行。三、羼提波罗蜜，译作忍辱，忍受一切有情骂、辱、击、打等，以及非情寒、热、饥、渴等之大行。四、毗梨耶波罗蜜，毗梨耶译为精进，精励身心、进修前后之五波罗蜜。五、禅波罗蜜，禅是禅那之略，译作惟修，新译作静虑，又名三昧，为三昧三摩地的略称，译作定。它是思惟真理、定止散乱之心的要法，有四禅、八定、百八三昧等之别。六、般若波罗蜜，般若译作智慧，通达诸法之智及断惑证理之慧。菩萨修这六法，为自利、利他之大行，是使我等众生到究竟涅槃的彼岸。波罗蜜就是度达彼岸的意思。

"经无量劫，备受诸苦"

"经"是经过、经历。"劫"是梵语劫波的略称，即是时分、时间，系通常的年月日之计算方法无法计算的极长的时间。这有小劫、中劫、大劫之分别。假定人的寿命以十岁算起，一百年增加一岁，这样一直增长，增到八万四千岁为止，叫作一增。由八万四千岁一直减下去，一百年减一岁，减到人的岁数十岁为止，叫作一减。就这么一增一减，叫作一小劫。二十个小劫叫一中劫，四个中劫叫一大劫，一个大劫就是地球成、住、坏、空一次。这地球成就也要二十个小劫，成就后给众生居住也是二十个小劫，到以后渐渐损坏也要二十个小劫，完全坏去变成虚空，空的时候也是二十个小劫。这个世间就是这么样成、住、坏、空的轮转不息着。佛经上说我们现在地球是第九小劫，第九小劫的减劫，人寿便一直减下来。释尊在世，普通人的寿命是一百岁，减到二千五百多年后的今天，人寿是七十多岁。这么一直减，要减到第十小劫的减劫，就是弥勒佛成佛的时候。

　　总之，劫是远大时节，原不是人间算术之所能计算。而况经无量劫，这唯佛与佛乃能得知，其时间之长，实非算数之所能知。然而，阿难尊者在楞严会上自陈所悟说："销我亿劫颠倒想，不历僧祇获法身。"亿劫长久时间，当下销灭，阿僧祇劫无须经历，而获得法身成佛，这岂不是一念便得？又《六祖坛经·疑问品》中说："世尊在舍卫城中，说西方引化经文，分明去此不远。若论相说里数，有十万八千（世俗语成数十万八千里，即代表十万亿佛国土而言），即身中十恶八邪（十善八正道之反），便是说远。说远为其下根，说近为其上智。人有两种，法无两般，迷悟有别，见有迟速。迷人念佛求生于彼，悟人则自净其心。所以，佛说'随其心净则佛国土净'。"

　　这么看来，时间之长短，要在人心之一念。求生净土与一念成佛，也是殊途而同归。时间之长，路途之远，要在自心之一念，所以远即非远，长也非长。平日老实念佛，勤修利生之道，那么临终一念往生，弹指即达。这是凭借佛之愿力以及一己的修持，诚不可以劫计时间、以道里计远近的。虽然是这样，然释迦世尊的成佛，并非一世之因缘，乃是经过无量劫、多世之修行，受尽多种的痛苦。根据《佛本生经》的记载，佛的前身曾经舍身饲虎，剖肠喂鹰，为求四句偈投身涧下……如此多劫备受痛苦的修行，始得转世于印度国成就佛道。佛往返于六道，不知经几许次数，乘愿利生，去来自在。然而，佛陀以一大事因缘出于娑婆世间，实在为应机示现、随业受报而来。虽然受生于三界，但不为八风（利、衰、毁、誉、称、讥、苦、乐）所动，因此称作如来。

我造业时，佛则哀怜，方便教化。而我愚痴，不知信受。我堕地狱，佛复悲痛，欲代我苦。而我业重，不能救拔。

接着别释佛恩是何等的深重。这段文字是省庵大师提示我们，由于我们众生业障深重，所以不能与佛同时出入。因业障重，虽然佛有心要度我们，而我们也很难接受他的度化。

"我造业时"

这个"我"指末法时代的众生。"业"在梵语是羯磨，为我人身、口、意所造，有善、恶、无记三项。凡是善性或恶性，必然招来苦或乐之果。一、善业，是顺于道理之作业。二、恶业，是逆于道理之作业。三、无记业，是无心所作，既不是善亦不属恶，无所谓善、恶。例如我人日常的饮食动作，或是雕刻、绘画等。

在这里，这个业指现实世间所造的恶业。造恶业当然要感三途恶趣的苦报。

"佛则哀怜"

"哀"就是哀痛、悲伤。"怜"是怜悯，一种由衷而发的恻隐之心。佛一旦见到我人造十恶业，就不禁感到心头哀痛，产生自然怜悯、可惜的心情来。因为佛深深明白，凡是这世上造五逆十恶、一切不善业的人，由于漫造恶业因，到后来唯有受恶报果，是没有侥幸可以免除其报的。

"方便教化"

"方便"有两种解释，一是对般若的解释，二是对真实的解释。

一、对般若的解释。这是说，达到真如之智是般若，而通于权道之智是方便。权道乃是利他的一种手段方法。依这种解释，则大小乘一切的佛法，概可称之为方便。因为这里所谓的方便，是用方正之理、巧妙之言，以阐述教化。

二、对真实的解释。这是说，学佛究竟的宗旨是归于真实，以假设、暂时之权宜为方便。方便又名善巧，或叫善权，即是入于真实的能通之法。依此来说，小乘入于大乘之门，就叫方便教。三教通于一乘之道，也称作是方便教。

佛怜悯世上造业的众生，所以行种种善巧和方便，想要教导、感化。

"而我愚痴，不知信受"

虽然佛是那样慈悲怜悯我们，苦口婆心施以种种方便感化，而众生根机愚下，竟不知信仰，不能接受佛的教化。

"我堕地狱，佛复悲痛"

由于我人不明佛法，不懂因果，在现实世间造种种恶业，就招致种种的恶果，自然堕进无间地狱里面受苦。佛具大悲心肠，更是悲伤、哀痛我人的无知与造业。

"地狱"，梵语是那落迦、泥犁，译作不乐、可厌、苦具、苦器等。佛经明载它设在地下，犹如世间因人的牢狱，但在里面遭受的罪罚苦刑，较世间监狱有过之而无不及，所以称为地狱。地狱共分三类：一、根本地狱，有八热地狱及八寒地狱；二、近边地狱，即十六游增地狱（八热大地狱各附十六小地狱，共百二十八所，有罪众生被押游至这些地方，倍增苦恼，所以叫游增）；三、孤独地狱，在山间、旷野、树下、空中等处，游魂众生到处受饥饿无依的苦楚。

"欲代我苦"

佛极其慈悲，如同天下父母爱其子女无微不至，甚至在必要时，为子女做一切牺牲。佛也是一样，一心愿意代替我们这些在世间造作恶业的众生，受应得的苦报。

"而我业重，不能救拔"

但我们的业障实在是太重，所作的罪业一定得自己受苦果，这不是任何人所能代替得了，即使佛陀也不例外。因为这缘故，不能拔救出离。

举例说吧！好比世间犯罪的人，被捉、判刑入狱，自作还须自受，他人又怎么能代劳呢？只要一天刑期还没有满，也就一天不能出狱。地狱之苦就像这个样子，必定要等你业报受尽，才得脱离其苦，到他道受生。

我生人道，佛以方便，令种善根。世世生生，随逐于我，心无暂舍。

"我生人道"

众生罪报已毕，得生于人道的。在本文这个"我"是省庵大师说的，意思是我们大家。我们大家没有堕进三恶道，而生到人道里来。

"佛以方便，令种善根"

佛就转悲为喜，用了种种权巧方便，为人道众生说五戒十善之法。

"善根"，是指身、口、意三业所造的善法，深固而不能动摇。罗什大师说："坚固善心，深不可拔，乃名根也。"再说，从今种植善法的因，能生长未来善法的妙果。

"世世生生，随逐于我，心无暂舍"

佛世世生生随我左右，施行种种教化、提携，使我人的善根得以增长，无有一时片刻舍弃我等。如我等生病时得蒙药师与观音的救济，遇难脱苦、逢灾自愈；死后受弥陀及弥勒的接引，往生到极乐世界或是上生到兜率天宫里去。这都是佛以方便善巧度化我等的明证。这几句话的结论，可见佛陀对我人恩惠深到什么程度。

明知众生根机不一，难以教化，然佛仍没有一时一刻要舍弃我们。我们今生能遇到佛法，受到佛法的利益，尤其能发心来学佛，绝非偶然的机缘，实在因过去多生以来所种下善根的缘故。如不是过去多生种下善根，今生即使遇到佛法，也不一定会接受，那就更加不能向上体会，依佛法修行而得成就。

佛初出世，我尚沈沦，今得人身，佛已灭度。何罪而生末法？何福而预出家？何障而不见金身？何幸而躬逢舍利？

这段话是既自悲而又自庆、无限感慨的言辞。由于释尊在世时，我们未能亲近，所以说："佛初出世，我尚沈沦，今得人身，佛已灭度。"

"佛初出世"

释迦牟尼佛最初在人间出世，那时是在二千五百多年前，距离现在是非常久远的年代。我们在许多经典当中可以得知，佛世时多少人得到解脱，证得阿罗汉果以及发广大心，行菩萨道。凡正信虔诚之佛教徒多希望能生于有佛之世来亲近佛法。

"我尚沈沦"

"尚"且是浮沉在三界六道之中，不得出离。什么原因呢？因我们见不到佛，生在三恶道受万般的痛苦折磨。由于根性顽劣的缘故，一天到晚生生死死，死死生生，备受环境的作弄，哪里还谈得上见佛闻法呢？

反过来说，要是当初种善根、行善事、积种种福德，那么自然又作别论，而蒙受佛法的滋润，也就不致招得三恶道的苦报。古德有几句话，可作苦海中沉沦的众生不能自拔的写照："佛出世时我沈沦，我得人身佛灭度。懊恼此身多业障，不见如来金色身。"佛弟子想到这几句发人深思的话，扪心自问，只要良知犹存，没有不痛哭流涕的。

"今得人身，佛已灭度"

现在我们幸而生入人道，得到人身，不像过去世沉沦恶道，连遇见佛法的机会都没有。可是现在有心想亲近佛，请示教益，学习佛法，只可惜释迦世尊已然不在人世，再也见不到了。

"灭度"，即是去世、离开世间的世界。然就佛教的意义，是灭去了此世生死的烦恼，度过生死苦海，而到达永恒真理的彼岸。灭度，梵语是涅槃，涅槃又译作寂灭、不生、无为、安乐、解脱等，新译则为圆寂。

涅槃有两种，一有余涅槃，二无余涅槃；新译是有余依、无余依，依是有漏的依身。所谓"有余涅槃"，为生死之因的惑业已尽，犹余有漏依身的苦果。至于"无余涅槃"，更灭依身之苦果、无所余的意思。这两涅槃，同为一体，三乘行人于初成道时，虽能证得，可是无余涅槃之现，却在命终的时候。

我们要知道，佛的威德神通不可思议，如果有缘遇见他，亲闻他的说示，即使三言两语，甚至一字不说，用暗示的方式，也会令我们受到感化，情愿跟随他修行，日后便能证就佛果。

"何罪而生末法"

到底因了什么样的罪，而生到这末法时代的今天呢？我们要知道，一佛出世之时，以其佛为基本，立正法、像法、末法三个时期。第一是正法时期，正是证的意思。佛虽去世而法仪未改，有教、有行、有正得证果的人，这就叫正法时期。时间有一说是五百年，另有一说是一千年。第二是像法时期，像是似，讹替的意思。这个时期，通化渐讹替，而真正之法仪、行仪不行，随而无有证果的人，但有教、有行，而像似之佛法行。这个像法时期，时间是一千年。第三是末法时期，就是我们现在处的时代。这时期真是佛法式微，但有教而无行，几乎没有证果的人，时间是一万年。

释迦世尊入灭二千五百多年，现在就是不能见佛的末法时代。写本文的省庵大师那个时代，同样也是在末法时代。大师自悲、自责：到底有什么样的业障，生到末法时代里来，而不生在正法、像法时代呢？我们现在读此文，应更加的自悲、自责，必须痛加反省，察过改非，然后才有进步与成就的啊！

"何福而预出家"

这句是自庆的话，究竟有什么样的福报而得参与出家为僧的行列呢？末法时代的众生，多迷失了自己本有的佛性，过着醉生梦死的生活，从不去想想应怎样跳出生死烦恼。他们不明白佛法是何物，也不明白为什么要修行学佛，现在能够明白，依佛法出家修行，可说是不幸中的大幸。因为生在末法，离佛遥远固然是不幸，但能及时出家，列为僧数，从此希圣希贤，得道证果有望，所以值得自庆。这的确是人生的大幸了。

佛经上说："出家之利，高于须弥，深于巨海，广于虚空，所以然者，由出家故方得成佛，三世诸佛未有不因舍家出家成佛者也。"这就是说，如果没有深厚的福德善根，是不可能有出家的因缘的。出家是大丈夫事，也是大功德事。既得到出家的机会，岂不是人生第一庆幸的事情吗？

不过出家有四种，那就是：一、身出家心不出家；二、心出家身不出家；三、身心俱不出家；四、身心俱出家。这四种法当中，我们现在如法修行的出家人，就是属于身心俱出家。一个人如果做到身心都出家，当然是最好不过，万一没有办法做到，或者环境上无法圆顶出家，像有的护法虔诚且戒行清净的在家居士，他们能发菩提心，虽然身没有出家，但心却是出家了，这和身出家也没有什么两样。可见修行重要的是发菩提心，而不在乎出家不出家。

"何障而不见金身"

究竟因为什么样的障碍而不能得见佛的金身？这也是自悲的感叹话。"金身"是佛身，佛金色的身体，乃是巨大的形体，纯粹是黄金的颜色。如《传灯录》上所说："西方有佛，具形丈六而黄金色。"一个人想要见到佛的金身，这必须有很大的善根福德，才会有那么大的福报。现在我们没有法子亲自见到佛的金身，这不用说，实在由于我们罪障深重的缘故。

这是句自我检讨的自责话，意思是，别人有福德因缘能够见到佛陀的金色身，为什么偏偏我不能呢？

"何幸而躬逢舍利"

这句话是自己庆幸，又因了什么样的侥幸，能亲遇佛陀的舍利？前面那句话无法见到佛的金身固然不胜遗憾，然而佛陀的舍利却留存在这娑婆世间，我们今天能够瞻仰，当然是很庆幸的事情。

这里，"躬"是躬亲、亲自的意思，"逢"则是相逢、相遇。省庵大师当时是在著名的阿育王寺里面瞻仰佛陀的舍利的。

至于"舍利"，是梵语室利罗的略称，乃佛的身骨，是依戒、定、慧熏修之所成的，又叫作窒骨、骨身。但是，舍利又分"生身舍利"与"法身舍利"两种。佛灭后所烧出的无量舍利，就是"生身舍利"；佛所说的大小乘一切经典，叫"法身舍利"。本文指的是"生身舍利"。舍利的颜色有三种：一、白色，白骨舍利；二、黑色，发舍利；三、赤色，肉身舍利。

后世坐化的祖师们，遗有全身舍利，尸体不坏。佛所遗留为碎身佛骨，称作是碎身舍利。又，佛涅槃之后，弟子阿难等烧他的尸、荼毗佛身后，有骨子如五色珠，光莹坚固，名舍利子。后世高僧依戒、定、慧熏修，灭后所遗骨中，也有多量的舍利子。无论全身舍利、碎身舍利及舍利子，人天得到的话，可获供养培福德。

供养舍利与供奉经卷，都获福德无量。《智度论》说："经卷为法身舍利。"末法时代，众生供养礼拜舍利，作大福田，能灭一切罪，成一切智，实在是可以庆幸的事情。

近世有的人所供养的舍利子，其数目有逐渐衍生增加的。又有参观舍利子的时候，因为心中一念虔诚，见到其中现有佛像的。种种神奇的情形，实在是不可思议。这也因各人所种的福报不同，而有各种异相出现。

如是思惟，向使不种善根，何以得闻佛法？不闻佛法，焉知常受佛恩？此恩此德，丘山难喻。

既然上文自悲、自庆，感慨良深，这段文就发出了佛恩深重的感想。

"如是思惟，向使不种善根，何以得闻佛法"

"如是"，就是这样；"如是思惟"是这样想起来；"向"是一向。省庵大师说：假使我们过去世不曾在三宝门中种过什么善根的话，今天又怎么能有得闻佛法的因缘？

"不闻佛法，焉知常受佛恩"

假使不曾听受佛法，又怎么能知道佛恩德的广大，是我们常常蒙受着的啊！

"此恩此德，丘山难喻"

"丘山"，是丘陵、高山的意思。这里结喻说，谈到佛恩的深广，拿丘陵高山来比，也是无法比喻的。所以我们应该发起菩提心来。

根据《本生传》记述，佛前生是王子的身份。有三位王子在某一日一同出游，其中最小的王子就是佛陀的前身。他们在山林里发现了一只老虎，它生下了七只小老虎，然而很多天都没有东西吃了，看起来，再不吃会饿死。

于是小王子就脱下了衣服，自己投身于饿虎前，企图舍身饲虎。可是老虎深受感动，不敢吃他。小王子便拾起一枝尖竹刺自己的脖子，流出不少的血来。凡是禽兽一旦见血，就忍不住要扑食，这才吃他。这种舍身救虎的大无畏牺牲，感动天上，下起了雨花，像是赞颂他的善行，同时也哭泣他的壮烈。

像这类感人的事迹，《本生传》里面记载的不少，足以说明佛对众生的恩德，哪里是言说能够比喻穷尽的呢？

自非发广大心，行菩萨道，建立佛法，救度众生，纵使粉身碎骨，岂能酬答？是为发菩提心第一因缘也。

从上面所说，我们已然明白佛陀恩惠深重无可比喻，就应该发起酬恩报本的心来。怎么报酬佛恩呢？主要是发起像佛陀一般的慈悲心来行佛事。

"自非发广大心"

"自非"两字是自然除了的意思，也就是强调理当、应该、非这么做不可。自然我们除了发起广大的菩提心外，别无选择。

"行菩萨道"

凡是菩萨所做的事，我们都乐意去做，实行菩萨所行的六度之道，所谓舍己利他，广行方便；也即是布施、爱语、利行、同事之四摄法。

四摄法是：一、布施摄：对众生布施财与法二者，使其生亲爱心，依我而受道；二、爱语摄：随众生根性而善言慰喻，使生亲爱之心，依我而受道；三、利行摄：起身、口、意善行利益众生，使生亲爱之心，依我而受道；四、同事摄：以法眼见众生根性，随其所乐而分形示现，使同其所作而沾受利益，由是而受道。

"建立佛法，救度众生"

以建设性护持佛法，将佛法发扬光大的，叫"建立佛法"。凡没有佛法的地方，尽可能去提倡；有佛法的地方，要努力去护持。比方说，广设教堂、布教所、佛教研究班、念佛会等，都是带动佛教，使佛法宏开的要点。建立佛法，事在人为，也唯有人能弘法呀！这么做，究竟为了什么？总括一句话，就是救度一切众生，使之离苦得乐，了脱生死。

我们要晓得，以大悲心，救出生死海，这就是"救"；以大慈心，度登涅槃岸，这是"度"。救度一切众生，是我们修学菩萨道的目的。

"纵使粉身碎骨，岂能酬答"

即使是将身体打碎，骨头都成为粉状，也不足报答宏大佛恩于万一！

"岂能酬答"，是又怎么能谈得上答谢佛恩呢？不发菩提心，不行菩萨道，那么无论如何是不会成就佛果的，更不用说是报佛恩呢！佛偈说："假使顶戴百千劫，身为床坐满三千。若不说法度众生，是则不名报佛恩。"可见，只有一方面精进学法，使能自利；充实了自己以后，发菩提心来度化群生，使能利他。这么做，方不愧身为三宝弟子，也才符合佛陀慈悲济度有情众生的本怀。

"是为发菩提心第一因缘也"

佛恩是那样的深重，是以我们必须发广大心，行菩萨道，建立佛法，救度众生，这才是报答的唯一途径。以上是要发菩提心的第一种因缘。

我们要念父母恩

发菩提心的第二种因缘，就是念父母恩。这分作四段文：第一段从"云何念父母恩"到"供承祭祀"，解说父母恩重，如山似海，父母对子女寄望殷勤。第二段"今我等"至"重罪难逃"，是警策一切僧众都不可忘本，应知父母恩重难可比喻。第三段"如是思惟"到"普度众生"，明示如何来报答父母恩。第四段"则不唯一生父母"至"第二因缘也"，说明发心报恩得到什么样的效果。

云何念父母恩？"哀哀父母，生我劬劳。"十月三年，怀胎乳哺，推干去湿，咽苦吐甘，才得成人。指望绍继门风，供承祭祀。

现在来解释第一段的文义。

"云何念父母恩"

到底怎么样才算是念父母恩？"念"是能念的心，就是因；至于"父母恩"，是所念的事，就是缘。由这样的因缘，将菩提心自然地发起来。

"哀哀父母，生我劬劳"

这是《诗经·小雅》里的句子，省庵大师特地引用来说明的。"哀哀"是形容天下子女深切思念父母的恩德，不知不觉地生出哀伤之音来。"生我劬劳"，指父母生下了我们，除开生育时的痛苦外，凡保育、养育、教育，真是说也说不尽的许多功劳。因此，《诗经》里在"哀哀父母，生我劬劳"后接着说"欲报之恩，昊天罔极"来说明父母恩广大得难以报答。

"十月三年，怀胎乳哺"

这几句话偏重于形容母爱的伟大。那诚然不是笔墨所能形喻于万一的。"十月"是在母体之内怀胎的时间，"三年"是出生后三年的哺乳养育时间。

我人托生于人道，由于往昔的业缘，即是与父母有缘，合自己的业缘，因一念之贪爱，为爱生种子，纳入第八识内，于赤、白二滴，结成了胞胎；心色和合，居于胎藏。十月之内，子饮母血，母体变态，气急神昏，腰酸脚软，行动困难。及至分娩，命在呼吸。所以为人子女，应当常念伟大的母恩，发孝敬的心，终生不忘。

再说，母亲是用她的奶来喂哺孩子，母奶是宝贵的血液所成，儿等于是饮母的血而生长，母恩实在太深重了。

"推干去湿，咽苦吐甘"

凡人在婴儿时一无所知，连自己的大小便也无法控制，一下拉屎，一下撒尿，真把母亲忙坏了，随时给婴儿弄脏弄湿的地方自己去睡，把干而舒服的地方让给婴儿睡，而心甘情愿。

饮食上来说，往往将食物尝一下，看是不是甘美，如果甘美可口的，就喂孩子吃。如果苦涩不适宜孩子吃的，自己吞下去。天下慈母都是像这样一个模子刻出来。

虽然这里没有提到父亲，然而父亲是一家之主，为照顾家中大小，负担一家生活，一天到晚要在外奔波忙碌，赚钱来供家用，那种辛劳也绝不亚于母亲。因此，不论对父亲或母亲，做儿女的都应深深感念他们的恩德是何等的伟大。

"才得成人"

总而言之，父母千辛万苦养育我们，也不知经过多少的辛酸苦楚，熬过多少个难熬的日子，把孩子一个个的抚养成人。"成人"，指成长为大人，一般指十六岁以上来说。在古代则以二十岁为"弱冠"，才算是大人。一旦我们长大成人，自然要讲求自立，减少对家人的依赖性，事事要有独立自主的精神，要分别好歹，知道判决，不再让父母操心，自己照顾自己。

"指望绍继门风，供承祭祀"

从世俗观点来说，做父母的要养育儿女，无非希望儿女长大成人之后，好好做人做事，能够继承自己的家业。一方面男婚女嫁，传宗接代，另一方面继承先人意志，振兴衰颓的门风，乃至于供奉、祭拜历代祖先等，来发扬孝道。这几乎是每个父母寄望子女所做的。

再详细地来讲，"门风"是各氏门中世代流传的规矩良习，这些好的家风但愿能一代一代地相传下去。"供承"即是父母年老时盼望子女供给衣食必需。古人说：

"积谷以防饥，养儿以防老。"要是养儿不能防老，养育子女还有什么意义？

其次，"祭祀"是非常重要的，即是用种种供品来纪念祖先，以诚心与先人相接，仿佛见到了先人。儒家一向主张，身为儿女孝亲之道要"生事之以礼，死葬之以礼，祭之以礼"。但祭祖的供品必须为四时鲜果、净洁素菜，千万不要用荤腥血肉的食物，那样不仅无有功德，反而添加罪业，恐怕就会失去祭祖的本意。

虽然这无非指身为世俗儿女应做的本分事，可是，即使出了家，仍然有在家的父母，那么出家人又该怎么做才对呢？站在出家的立场，接着省庵大师便讲出下面一番话来。

今我等既已出家，滥称释子，忝号沙门，甘旨不供，祭扫不给，生不能养其口体，死不能导其神灵。于世间则为大损，于出世又无实益。两途既失，重罪难逃。

"今我等既已出家，滥称释子，忝号沙门"

"今"是指此时此刻；"我等"即我们大家，指当时涅槃会上的出家大众；"出家"是指身心出家的修行人。我们一心一意修行佛法，是出了世俗的家投到清净的佛门来。我们离开了六亲眷属，辞亲割爱，抛妻弃子，遵照佛制，目的是要出三界家，也就是要跳出三界，而了生脱死。

"释子"，出家人成为释迦牟尼佛座下的弟子，一概都冠以"释"姓。这也就是说，一进佛法僧团，失去原来的种姓，每位佛子的地位乃是平等的。正如《阿含经》上所说："四河入海，同一咸味；四姓出家，同称释子。"不过，既然是释子，当然要做个一切如法、如律来修持的比丘才对。如果做到行为好、戒德庄严、很安分的修行者，才会被人看得起。反过来说，虽然身在出家比丘的行列，一举一动都不能如法、如律，行为不够庄重，处处有失威仪，当然被人看轻，无形中等于失去真正佛子的资格。

省庵大师自谦而又痛心地说："滥称释子。"就是指，虽然明明是个释子，却不过是滥竽充数，实际上无德、无学，并没有身为释子的资格。

原来"竽"是一种古代的乐器，属于笙类。从前齐宣王好音乐，有御用吹竽乐手三百人。这当中有一名南郭先生，却冒充了吹竽乐手，混在其他乐手中一起演奏，居然没有给人看破。后来齐宣王死了，其子齐愍王即位，就命乐手一个个单独地轮流奏给他听。南郭先生事先得到这个消息，由于他是个冒充的竽手，要是给拆穿，犯欺君之罪是要被处死的，因此赶紧逃走。后人就此称南郭先生为滥竽充数。"滥竽"的典故就是这样来的。

"忝号沙门"，"沙门"是出家人的通号，严格地说，要息灭贪、嗔、痴三毒才能称为沙门。至于息灭贪、嗔、痴，唯一的方法便是勤修戒、定、慧。

　　沙门有四种：一、胜道沙门，就是明心见性，实际上已经开悟，证得初果以上，像古代的祖师们便是。二、示道沙门，虽然尚未完全开悟，但是能够讲经说法利益众生，是以身作则的修行人。三、活道沙门，即不能讲经说法，却能念念不忘修行自度，但求自利的老实修行者。一般照规矩过正确、正常生活的比丘、比丘尼都属于这一类。以上三种都是及格的出家人。四、污道沙门，是不好的出家人。污是污染，即是说不但不能自利利他、自度度他，反而对佛法有所污染、行为不检、漫造种种罪业，这样的人自然是不及格的出家人，也不配称为修行者。

　　在省庵大师自称，"忝"是不堪、不够格，"号"是称的意思。"忝号沙门"就是不堪称作是沙门。这话是何等的谦虚啊！其实省庵大师是十足自利、利他的一代高僧。参禅开悟，预知时至，后来往生到西方，足堪式范，应该是胜道沙门的行列，怎么会如他自己讲的不堪称作沙门呢？

　　"甘旨不供，祭扫不给"

　　"甘旨"，甘是甜，旨是美。凡是甘甜、美味的食物，做子女拿来孝敬父母的，就叫作甘旨。出家人离开了世俗家，在平时不能像往日在家中那样把好吃的东西，或是好用的物品来供养父母，这就叫作"甘旨不供"。

甚至过年、过节本应回家去祭扫，拜拜祖先，这样的事情也没有做到啊！"给"是做的意思。连祭拜祖先的事都办不到，这叫作"祭扫不给"。

"生不能养其口体，死不能导其神灵"

父母活在世上的时候，却不能好好的供养他们，使他们在口福上得到满足，身体上得到受用。这是说父母在生时，我们出家人不孝的地方。

父母过世了又怎么样呢？父母死了以后，由于自己德行不够、力量不足，也不足以接引父母的亡魂再来人间受生，或升天上，尤其是导引至西方极乐世界。不能使二老的神灵生到善处，解脱痛苦，这是父母死后不孝的地方。

"于世间则为大损，于出世又无实益"

从世间法来说，一旦出家了，即不能在家承欢膝下，供养父母，传宗接代，光耀门庭。而父母呢？有了这个甘旨不供、口体不养的不孝儿子，与古人所谓的"养儿防老"的观念大大有违。因此在世间法来说，不能不说有莫大的损失。

可是，出家之后，本来有所谓"一子出家，九族升天"的说法。只因自己平日修持功夫太差、德行不够，也无法度脱父母，使他们离苦得乐。对父母毫无利益与受用，这样没有实在的益处，是很可慨叹的。

"两途既失，重罪难逃"

"两途"是指的在家与出家两个途径。在家方面，原是应尽身为子女奉侍父母、供以甘旨的种种孝道，使父母欢乐。出了家来说，也应尽到劝奉父母信敬三宝，学佛念佛，离恶向善，迈入正道。当父母过世，要设法度他出苦，往生西方。然而，这世间以及出世间两条孝道都没有好好做到。"既失"就是既然失去、行为错失的意思。

想想看，已然离家，不在家中奉养父母，出家之后又没有修持，连自己都不能度，又怎么去度他人？对父母一无实在的利益。可是父母生我、育我、教我、养我，为我受尽痛苦和创伤，我们却不能报答他们的恩情于万一，这样不是罪过深重吗？所以说是"重罪"。我们想逃避这很重很重的罪过，也是没有办法的了。

严格地说，我们若是失去了两条应尽的孝道，不但逃不过重罪，也逃不过自己的良心。良知的负疚，将使我们无法安心修佛。

既为佛子，本当以佛为榜样。佛成道不久，立即回到迦毗罗卫国，为他的父王净饭王说法。净饭王听闻佛法，受了度化，后来证就了初果。父王驾崩了，在出殡那天，佛亲自与堂弟阿难尊者，以及佛子罗睺罗尊者抬棺执绋。这是对父王的行孝。至于对母后，佛将入涅槃时，特地到忉利天上为母说法，以报答母后的深恩。由此可见，身为三界导师、四生慈父的佛陀，地位崇高，尚且是以身示范，目的是要后世学佛修行的人，不可忽略孝亲之道。佛教之重视孝道、提倡孝道，诚然是不争的事实。

唐朝有一位黄檗禅师，在二十岁那年出家，一直到了五十岁还没有返回俗家过。他的母亲爱子心切，由于想念过分，经常盼子不归，以泪洗面，竟然哭得双眼失明。几十年不见，儿子变成什么样子都不知道，即使是面对面，恐怕彼此也不相识了。不过由于他儿子左脚上生了一颗大肉痣，于是她想出了一个办法，希望达到与子重叙的心愿。方法是，无论哪一位出家人来到村庄，她就请这位出家人到家受供养，然后取水，要求出家人准她亲自为他洗脚。这么一来，要是发现左脚上长有一颗大肉痣的人，就可肯定是自己的儿子了。

有一天，黄檗禅师回到家来，他当然了解他母亲的用意。洗脚时故意将右脚给瞎眼母亲洗，母亲竟被瞒过去。母亲对他说："我有一个儿子出了家，现在不知道云游到什么地方去了？你这位师父要是遇上他，好心烦代转达我思念的心声，请他赶快回来看看我！"

禅师便说："你的儿子大概在五台山里面吧！"

"谢谢！你若是遇见他，麻烦你一定代我传话，要他早一天回家来啊！"

"好的，老婆婆！我知道了！"禅师答应了，然后告别。

可是在离家门不远的地方，忽然碰到一位熟悉他的村人。这个热心的村人，连忙奔到禅师家中，对他母亲说："你儿子是不是回来了？你们母子几十年不见了，怎么不多留他住几天啊？"

这时，瞎了眼的母亲才知道，刚才所供养的，正是她日夜思念的儿子。这一下惊喜交集，也不顾虑自己眼睛看不见，飞奔似的出外追赶，可怜追到了一条河边，失足坠到河里面，就淹死了。

禅师知道了，自是悲痛得很，就为母亲料理善后，当时说了一偈："一子出家，九族生天；若不生天，诸佛妄言。"到了火化时，再说偈："我母多年迷自性，如今华开菩提林。当年三会若相值，归命大悲观世音。"这时，在观礼的大众仿佛见到他母亲在火光中转女为男，冉冉上升到天上去了。

以后他母亲托梦给他说："好在我当年没有遇见你，受你一粒米的供养，不然我堕到地狱去了，怎么会有今天生天的可能呢?"说完之后并向他礼拜。

　　佛教讲的孝道是彻底而圆满的,要让自己的母亲生天或是往生到极乐世界,才是究竟圆满。这要比起世间上的孝道,仅仅是晨昏定省、供奉甘旨,一种是大孝,一种却是小孝而已!所以我们千万别用那种世俗的眼光,认为佛教是不孝。我们应当劝请父母对三宝生信仰心,有钱财的要劝发心布施行善,还设法劝导他们研究佛法获智慧,鼓励他们多多念佛、拜佛,这才是佛弟子尽了人生的孝道。

　　归纳来说,真正的孝是以使父母离苦得乐为目的。因此莲池大师说:"人之于父母,服劳奉养以安之,孝也;立身行道以显之,大孝也;劝以念佛法门,俾得往生净土,大孝之大孝也。"

　　如是思惟,唯有百劫千生,常行佛道,十方三世,普度众生。则不唯一生父母,生生父母俱蒙拔济;不唯一人父母,人人父母尽可超升。是为发菩提心第二因缘也。

　　至于怎么样来报答亲恩呢?下面就讲到省庵大师开示如何报恩的方法。

　　　"如是思惟"

　　"如是"即是这样,依这上段文的道理的意思。"思惟"就是想，这里做"深深地反省"解。既然身为出家人，也要做一番反省，想到自己失去两途，犯了重罪，不但不够资格做个出家的修行人，甚至做个普通的在家人的资格都不够，心中自然极其愧疚。那么，只有一心遵照佛陀所说的发菩提心去做，方是真正报答我们双亲的恩德。

"唯有百劫千生，常行佛道，十方三世，普度众生"

"唯"是唯一。唯一的方法就是尽未来世，过去一百劫或是一千生那么长久的时间来奉行佛陀的真理，实行佛教的妙法。换句话说，也就是要努力修菩萨的六度万行。

"十方"是指东、西、南、北四方，以及东南方、西南方、东北方、西北方、上方、下方。广大的空间大略来分，就是这十方。"三世"即过去世、现在世以及未来世，这是从时间上分为三世。总之，十方三世都要普度一切的众生。

"则不唯一生父母，生生父母俱蒙拔济"

"拔济"包含了拔荐与救济两种意义，在这里解释作解脱和超升。这无非讲的是发菩提心所得的效果。

省庵大师说：我们能够这么做的话，不仅这一世的父母得到解脱或超升。生生世世的父母，也都因为我的发心，得到解脱或超升。超升就是超出了三界的牢狱，上升到九品的莲邦。

"不唯一人父母，人人父母尽可超升"

不但自己的父母，因为我的发心，得到解脱生死的究竟益处，就是每一个人的父母，也同样因为我的发心，统统获得超升的益处。

即使身为出家人，也应有报答累生历劫父母深恩，救度他们获得解脱的情怀。从前，目连尊者出家修行，证得阿罗汉果，有相当的神通本领。他的母亲卜氏造了罪业，沦入饿鬼道受苦。目连尊者便运用神通见到这情形，立刻生出孝心，并且运用神通去到母亲的面前，将自己钵中所盛的饭食供奉母亲食用。不料，他的母亲业障实在太重了，食物一到了嘴边，却变成炎炎的火炭，无法入口。

看到母亲如此痛苦不堪，目连尊者就去到释迦世尊跟前请问："世尊！我母实在是太痛苦了！我想救她，但不知要用什么方法才能救她出苦呢？"

释迦世尊当下回答："目连！很难得你有一片孝心！可惜你母亲造孽深重，就算用尽你个人的力量，想救度业障深重的她，恐怕也是很难的了。这样好了，倒不如在七月十五众僧自恣日的那一天，你诚恳地准备上好百味供养众僧，仰仗众僧超度的力量，才能使你母亲解脱饿鬼道！"

目连就遵照释迦世尊所指示的方法去做。果然他母亲脱出了饿鬼道，而且也使其他许多的饿鬼一并脱出了饿鬼道。像目连尊者的做法，就是行大孝的一个例子。

固然我们现在已经出家，但要想到此身究竟从何而来？如果没有此身，怎么能够学佛？还谈什么修行？再说，我们不只是今生有父母，前生也有父母，乃至过去世有父母，所以我们要报答现生父母的深恩，也要报答累生历劫父母的深恩！我们要处处关怀父母，为年老的父母幸福健康着想，更要设法使父母得到佛法的受用。这样一面念父母恩，一面认真修行，做出家人才有意义。

"是为发菩提心第二因缘也"

假如缺乏了念父母恩的念头，就是做人不懂得"饮水思源"的道理，这菩提心便发不起来。所以念父母恩极为重要，是发菩提心的第二种因缘。

我们要念师长恩

云何念师长恩？父母虽能生育我身，若无世间师长，则不知礼义。若无出世师长，则不解佛法。不知礼义，则同于异类；不解佛法，则何异俗人。

谈到师长恩，这第一段是说明，如果缺乏师长的教导，将有什么样的缺点。

"云何念师长恩"

怎么说是念师长的恩德，应当发起菩提心呢？师长对我们的恩德仅次于父母，那也是很深厚的。下文做详细的解释。

"父母虽能生育我身，若无世间师长，则不知礼义"

先从世学上来说，父母虽然是生出了我们，并且养育我们的身体，可是这个生命肉体渐渐地成长，等到入学的年龄，必然要去学校接受教育。从小学到中学，九年义务教育是每个公民的权利，在学校里传授我们知识和技能的，就是师长。没有师长的启蒙，我们不懂得什么是礼貌，我们的品德也就无法向上提升。没有相当的学识修养，不但会被人看轻，抑且无法在这个社会生存。

"若无出世师长，则不解佛法"

就出世方面，身为出家人要有气质与涵养，要对三藏十二部教典深入了解，这都要仰凭明师的指点。现代的僧侣教育机构很多，都是为造就未来佛门龙象，由高僧大德主持的。剃度时有剃度师，受戒时有说戒和尚、羯磨和尚、教授和尚以及开堂和尚、引礼师、引赞师等。进入佛学院，则有不少讲师大德。他们全都有恩于我，指示我们佛法真髓，无形中熏陶我们的品格日趋上流。

没有他们，我们便不能明白真正的佛法。

"不知礼义，则同于异类"

"异类"即和人类有差异、有分别，这说的是禽兽。人要是不明白礼节、道理，就和那禽兽相同。《礼记》与《孟子》都有人禽之辨。《礼记》说："是故圣人作礼以教人，使人以有礼，知自别于禽兽。"《孟子》说："人之所以异于禽兽者，几希！庶民去之，君子存之。"再说禽兽也往往具有灵性，只不过它们的智力同人的智力相比，毕竟还差了一大截。而人类的能力和智力，足以接受文明的教化。所谓"文明"是知识的产物，是由"学"而来，《三字经》说得好："人不学，不知义。"不经求学，又怎么能明白做人的道理呢？

"礼义"的礼，就是礼节、礼貌，这是十分重要的。我们对父母要有对父母的礼貌，对师长要有对师长的礼貌，对朋友要有对朋友的礼貌。世间的上下尊卑，完全是由礼来分别它。孔子说："民之所由生，礼为大。非礼无以节事天地之神也，非礼无以辨君臣上下之位也，非礼无以别男女父子兄弟之亲、婚姻疏数之变也。"可见圣人教人要懂得礼，始能显出人性的尊严，与禽兽有别。

其次，义也很重要。《易经》上说："立人之道，曰仁与义。"仁义是人伦的基础，做人的基础，做人的根本。假如做人不讲义，见利忘义，便是小人的行径，也就不配做人。何况义就是合理的、君子的、具有正义的行为。浩然的正气甚至可以牺牲小我来完成大我，所谓"舍生取义"，义无反顾。

"不解佛法，则何异俗人"

既然出了家，身为比丘，就应该有不断求学佛法的精神，因此，第一件事就是要亲近大善知识，要进入佛学院受训练，在不断熏陶当中来充实自己，作为他日弘法利生的准备。然而，现在相反的，不愿学、不肯学，甚至有很好的求学机会平白错过，不去研学，自然就不了解佛法。那么，虽然身穿袈裟，却和一般在俗的人没什么两样。出了家不思上进，一日过一日，蹉跎了大好时光，简直像是没有出家似的，倒不如不出家。

今我等粗知礼义，略解佛法，袈裟被体，戒品沾身，此之重恩，从师长得。

这段文说明了师长对我们的恩德，要谨记在心。

"今我等粗知礼义"

现在我们大概地知道一些礼义，这句话是对世法说的。省庵大师谦虚地自称对世间各种礼节懂得并不多，这情形实际上也如此，因出家的人本来着重的是出世法，世法只稍懂一些也就够了。现代年轻人，他们讲究新潮流、新作风，至于古老的礼节、传统的规矩，又能懂得多少呢？

古人讲礼，是相当严格的，比方说什么"男女授受不亲"等，在现代的社会早已是行不通了。因此，重要的礼节，我们当然应该明白，但也无须一一详知。要想把礼义上的繁文缛节都一一弄清楚，又谈何容易？

"略解佛法"

"略"就是约略、大概、少许、不周到、不详尽的意思。这句话是针对出世法来说的。省庵大师谦虚地表示，自己所明白的佛法也只是些许，是不究竟的。

环顾现代不少学佛的人，名义上是佛教徒、佛弟子，而且受了戒，实际在佛学上只懂得一些皮毛而已，根本静不下心来，还是一天到晚在俗事上奔走。尤其有的人对佛法是一知半解，却不求甚解，抱着得过且过的心理，闹出了许多笑话，贻笑大方。甚至对有关佛教的术语、佛菩萨的来历和节日都分不清楚。更可怜的，有的甚至连佛、道的界限都划分不清，把道教的城隍、妈祖、吕洞宾、哪吒三太子、女娲娘娘、太乙真人、太上老君、元始天尊等，都列为佛教的神明，说起来令人可叹又可笑！

"袈裟被体，戒品沾身"

"袈裟"是梵语，译作坏色衣、赤色衣、不正衣等，意思是坏色、浊色、染色、不正色。一般称作的"坏色衣"，是经过染而坏了原来颜色的衣服。佛在世时，印度习俗多穿白色的衣服，佛为使比丘弟子与俗人有所区别，因此制定穿衣方面，一定要坏其原来的白色为其他的颜色，那就是青色、黑色、紫色、黄色和红色这五种色。佛还规定有五衣、七衣、大衣的类别。穿上袈裟，就不是世俗相，就是比丘、比丘尼的身份了。至于在家人是不能随便穿五衣、七衣和大衣的。袈裟的另一名称是福田衣，表示唯有具大善根、具堪受大众供养的福德的出家人，才有资格穿用。因此，"袈裟被体"毋宁说是件光荣的事情。

"戒品沾身"，就是得戒的意思。受戒也要有授戒师，在家有三皈五戒证明师，出家受比丘戒有三师七证。从受沙弥戒、比丘戒一直到菩萨戒，在身体上遂得无上清净戒体，在生命内里自然而然地发生防非止恶的力量。我们得到这难得的清净戒体，拜授戒师所赐，又加上戒师为作证的授戒，不这样根本不能成就出世间法。

"此之重恩，从师长得"

出世间的师长能够开导我们出世的佛法，把戒法传授给我们，恩德实在太大了，我们怎能够不感恩图报呢？

敬师之道也如同敬亲之道，除了尊敬之外，还要顺从。如何报答师恩呢？即是要做到以师之志为己之志。时时要砥砺自己，求学业进步，所谓敦品励学，使智德兼备，将来学有所成，到社会上才能创造出一番事业。把从师长处学得的完全适当地发挥出来，并且还要发扬光大，所谓："青出于蓝，而胜于蓝。"

孔门弟子颜回虽然中年夭亡，但他深得孔子之所教。孔子赞叹他："贤哉回也，一箪食，一瓢饮，在陋巷，人不堪其忧，回也不改其乐。贤哉回也！"这是赞叹他的乐天知命。孔子又说："吾与回言终日，不违如愚。退而省其私，亦足以发，回也不愚。"这是赞叹他的学思已得孔子真传，足以发扬光大。

又，佛的十大弟子各有所长，皆能得佛之教义真传。其中尤以阿难尊者，侍佛左右二十五年。于佛灭后，佛十大弟子摩诃迦叶上座，于摩揭陀国大石窟结集三藏时，使阿难背诵佛在世所说之一切"经藏"。阿难均能诵念无讹，世称阿难于佛弟子"多闻第一"。如无阿难尊者之博文强记，恐佛之所说经典，也不能完全传留而无缺失了。摩诃迦叶于结集后，即登鸡足山入定，而佛法之得以传播于后世，亦是阿难及其弟子之功。因此，阿难可说真能续佛慧命、报佛恩者。

阿难与颜回都是懂得顺敬恭诚的道理，对师尊服从敬仰，对于师尊平日之一言一行，都留心追随效法，故能得师尊的真髓，并且还要把师尊的学识事理，不断地思索、揣摩，以至于本身有所解悟。所以颜回每天感到快乐和满足，阿难侍佛数十年而不倦。

若求小果，仅能自利。今为大乘，普愿利人，则世、出世间二种师长，俱蒙利益。是为发菩提心第三因缘也。

这段文是教示报答师长恩的方法。

"若求小果，仅能自利"

"小果"指的是声闻、缘觉的小乘圣果。声闻乘或缘觉乘人虽然已修到断除我执、脱离三界的地步，然毕竟是自利而已。这样即使自己到达遍真无为的境界，却不能报答累生师长的恩德。

"今为大乘，普愿利人"

指发大乘心人不同于小乘人的自利，而是要报答累生累世的师长恩德，普遍利益一切天人，也就是一心趋于修大乘佛法——发菩提心，行菩萨道，尤其重视要做到誓愿度无边众生。

"则世、出世间二种师长，俱蒙利益"

既然发出了度生大愿，真实修行大乘菩萨道，普遍利益群生。这样的话，世间的师长受我影响，也学佛修行，证得了佛果。若是去世的师长，我所修的一切功德回向他，使脱离恶道，获得超升人天善道。如果是出世师长，因为我们绍隆正法，使法脉一贯延续，振兴宗风，间接上也使得师长的德望增长。因此世间或出世间二种师长，都蒙受到利益。

"是为发菩提心第三因缘也"

这就是为人弟子既然想报答师恩，无论如何要发起菩提心来。反过来说，如果不念师长恩，这个菩提心便发不起来。这是第三种发菩提心的因缘。

我们要念施主恩

云何念施主恩？谓我等今者日用所资，并非己有。三时粥饭，四季衣裳，疾病所需，身口所费，此皆出自他力，将为我用。

我们既然出家修行，就必须靠十方施主供给衣、食、住等物质来维持生活所需，才能够安心办道。因此施主的恩德要念念不忘。

"云何念施主恩"

谈到第四种发菩提心的因缘，就是念施主恩。什么是念施主恩呢？

"谓我等今者日用所资，并非己有"

"谓"是说明的意思；"我等"，省庵大师当时自称以及和当时大众，在此也可泛称一切出家修行人。

"三时粥饭，四季衣裳，疾病所需，身口所费"

"三时"指的是早上、中午、晚上三个不同的时间。

"三时粥饭"就是一天三餐的意思。具足戒的修行人是用早、午二顿而已，因为持过午不食戒，所以本来应该说"二时"才对。但不论三时或二时，都无不可。"四季"就是春、夏、秋、冬四个不同的季节。一年四季里面所穿的衣裳，上衫叫作衣，下裙叫作裳，当然这也包括了卧具在内。此外，万一生了病，就需要药物，医药是人体保健不可缺少的物品。这里说的，身体要资用的衣服、卧具乃至于医药，口中所需的种种的饮食。换句话说，这种种花费、种种之物。

"此皆出自他力，将为我用"

这些都完全出于施主们的全力支援、一心供养，并不是靠自己劳力得来，是他人的辛苦劳力所成全，使我们生活安定，无后顾之忧，方有充沛的精神去专心弘扬佛法。施主这么样拥戴我们的深厚恩德，我们要常常想到，感念在心才对。

彼则竭力躬耕，尚难糊口；我则安坐受食，犹不称心。彼则纺织不已，犹自艰难；我则安服有余，宁知爱惜？彼则荜门蓬户，扰攘终身；我则广宇闲庭，悠游卒岁。以彼劳而供我逸，于心安乎？将他利而润己身，于理顺乎？

这段文是别释施主恩。主要是指贫穷的施主来说。

拿这些于我有恩的施主们来做一比较，借以激发起惭愧和报恩的心来。

"彼则竭力躬耕，尚难糊口"

"彼"是指在家施主。首先说农耕为生的农家施主，"竭力"是用尽了气力，形容耕作的费劲与辛苦。"躬"是躬亲、亲自的意思。农人施主务农种田过日子，一切不假他人之手，总是亲自下田操劳耕作。所得的收获并不是很多，扣除向政府缴的纳税金，所下种子、肥料的本钱，剩余也就无几，田地少、人口多，有的维持一家温饱尚且不易。如果不幸遇到天旱灾年，那痛苦更可想而知。像这样，自己的生活情形都相当困窘的情形下，仍然献出他们的诚意，布施给出家人，诚心供养我们。

"我则安坐受食，犹不称心"

"我"泛指一切修行比丘。我们身为出家比丘，却一动也不动，自己认为是心安理得，接受他们的饮食供养，仍然不感满足，时时认为所接受的供养不够用，处处不能称自己的心。

"彼则纺织不已，犹自艰难"

再说纺织衣服的女施主，也就是做女工的，她们一天到晚织布工作，然而要想打扮自己漂亮些、穿好一些，尚且是很难的事。可是尽管是这样，她们还是乐意自我节俭，省下来供养出家比丘。

"我则安服有余，宁知爱惜"

身为出家比丘的我们，不用付出劳力，平白地受到她们的衣物供养，对于这些得来不易的供养之物，坐享其成，却不知道好好地珍惜，难道不是一种罪过？不感到惭愧吗？

"彼则荜门蓬户，扰攘终身；我则广宇闲庭，悠游卒岁"

再拿比较穷的施主来说，"彼"指穷苦的施主。"荜门"即蓬门，茅草做成的门户。用蓬草所造的房屋不仅是简陋，更因通风，一旦严寒季节来到，寒风吹进，冻得人要死，因此令人困扰、痛苦。"扰攘"就是困扰不安。施主那方面，住的是简陋、通风、不堪其苦的草屋，终日不安，然而尚且辛苦来供养出家比丘。

"我"是指我们出家比丘。反观我们又怎样呢？"广宇"是广大、宽阔、有庭、有院的房屋，"闲庭"是舒畅的广场。我们修行人却住在大厦广场里面，是那样的"悠游"，好适意，好自在。"卒岁"指一年的开始到一年的结尾。我们出家比丘福报不少，住在舒服的华厦中纳福享受，却不知真参实学，从佛法上去下功夫，这样就是不守出家修行的本分，岂不辜负了施主们乐善净施、热忱协助的德意？

"以彼劳而供我逸，于心安乎"

想想看，上面讲的几种贫苦施主花费了那么多劳力，辛辛苦苦地供养我们，使我们生活上过得那么周全、那么安逸。反过来，我们亲眼见到布施的施主们自己是那么辛劳竟日，贫穷清苦，我们还能够心安理得，一点都不在乎吗？这句话主要是提醒出家比丘反省自己是不是真的在修行办道，用功精进？有没有一切如法，上求下化？要是没有做到，一天到晚只是敷衍式的应付施主，讲究自己的排场，注重生活上的享受，就千不该、万不该，而应生出惭愧心来！

"将他利而润己身，于理顺乎"

"他"是上面所讲的施主，"己"是出家比丘自己。出家比丘扪心自问，应该要将己心比他心。试想，在家居士如此辛劳所得的利益，照道理，当然他们自己去享用，可是他们苦了自己，由我们享用，即使是这样，还不晓得好好修持，这从人情道理上来说，讲得通吗？这么做顺理吗？适合吗？要是知道不应该也不合理，从此就要节省享受，同时一定得发菩提心，来报答施主们的恩德。

自非悲智双运，福慧二严，檀信沾恩，众生受赐；则粒米寸丝，酬偿有分，恶报难逃。是为发菩提心第四因缘也。

这段文是教示报答施主恩的方法，以及偿债难逃的警惕。我们既已反省，深知自己的不是，就要痛改前非。要怎么个痛改法呢？

"自非悲智双运"

"自非"强调如果不是这么做。我们要以佛法去指导在家居士学佛，使他们得到佛法实益，来报答他们布施的恩惠。首先，自己务必做到悲智双运的地步。

佛说五观是："一、计功多少，量彼来处；二、忖己德行，全缺应供；三、防心离过，贪等为宗；四、正事良药，为疗形枯；五、为成道业，应受此食。"出家人接受了施主的供养，必须要用法施以为回报，以诵经超度亡灵，使生者充满法喜，彻悟自性，死者往生极乐，永免轮回。

要之，出家人受食，是为了延续生命，成办佛事，不是为贪口腹之味。但是，现世有些出家人虽然素食断荤，仍然每日讲求如何的美食，如此使他的身心受食欲的束缚，仍然得不到解脱。如《维摩经》所说："比丘为法而来，非为食而来。"出家人要真正报施主恩，必须要发菩提心，以佛法指导施主，使之依法修行，所谓悲智双运，福慧二严。假定不是如此使施主信徒沾恩、众生受惠，则所受他人之一粒米，都需要偿还他人，而自己的贪得，则难逃罪过。

"福慧二严"，即是通常说的福德庄严、智慧庄严。在六度中，前五度皆是为修福德庄严的行者，而智慧庄严则为修般若的行者。此两大庄严之行，必须以悲智双运为基础。无有大悲心，便不能下化众生；无有广大智慧，便不能上求佛道。不能下化众生，便不能有无量的福德；不能上求佛道，便不能积集广大智慧，彼此是互为因果的。

悲智双运是菩萨的因地之行，福慧二严是得无上正觉的佛果。不论是行菩萨道或是证得佛果，皆能使檀信者沾沐到佛法的恩惠，亦可以使众生受到佛法的恩赐。

出家比丘能使施主沾恩，能使众生受赐，则上可报佛恩，下可成众果。如是俯仰无愧，则受人供养，不但无有过失，而且有大功德。

出家人如无真正修持，则难免死后还债。昔日有一僧人，隐于山中，住在茅棚之内，一心坐禅用功，不敢稍有懈怠。他有信徒母女二人，每月供养饮食，不需下山募化。一住就是二十个年头，仍未能悟得禅理，心中感觉惭愧。他自思："我受人供养，如何报答？"于是辞别母女二人，到他方求师参悟。母女二人诚心留住，只是禅师执意不肯。母女二人再请师留住数日，为师制作一件衲衣。于是母女二人裁缝衲衣，每缝一针，辄念一句弥陀圣号。作毕，再包四锭马蹄银，送给禅师，作路上川资。师领受衣银，定于次日动身。当夜仍然照旧坐禅。至夜半之时，忽有一青衣童子，手执一旗，后面有数人鼓吹而来。并又有数人扛一朵大莲华，来至禅师面前。童子说："请师上莲台。"禅师心中暗想："我用禅功来修净土，何故接我前往西方？恐是外魔，扰乱修净？"于是禅师仍然坐禅不理。童子仍然一再劝请，要禅师火速前去，不可久留。禅师知是魔障，遂随手拿引磬，插在莲花台上。不久，青衣童子又率领来人鼓吹而去。

至次日清晨，其徒母女家中的母马，竟然生下来一个引磬。马夫见了，以为怪事，就去报告主母。母女二人见到引磬，知是禅师日常所用之物，不知何故，入于马腹，乃惊奔至师处。见禅师正要动身，问师失掉何物。禅师说，未有失物。其徒遂拿出引磬，对师说："此是师物，何以从马腹出生？"禅师睹物闻言，不由汗流浃背，乃作偈说："一袭衲衣一张皮，四个元宝四个蹄。若非老僧定力足，几与汝家作马儿。"便把衣服、元宝还给信徒，孑然一身作别而去。

身为比丘，如果不能如法修行，化导众生，则所受信徒的施舍，便难予消化。时至今日末法时代，出家人有的追求名闻利养，制造声势，有的随波逐流，自甘堕落。而真能洁身自爱，苦行修持的并不多。但是出家人的功过得失，自有其因缘结果，而发心供养的施主，只是依法而不依人。人纵有不如法之处，但佛法永远是不变的真理。俗语说："公修公得，婆修婆得，自修自得，不修不得。"布施与供养的功德，总归自己所有，他人是得不到毫分的。

归纳来说，身为在家人尽到了做信徒的本心，出家人体念到施主的恩惠，如此大家都从菩提心的悲智双运中，完成修己、化他的功德，证得无上菩提的佛果，这是为发菩提心的第四因缘。

"悲"是悲心，这是对有情众生来说。悲悯一切众生，就得立下化众生的大志。"运"是运用，用我们的悲心，希望一切众生都得到佛法好处。依佛法去修，得到身心的解脱与究竟的安乐，光是具有悲心还不够，还需要有大智。"智"即指般若智慧，就是要不断地上求佛道，自然就积极起广大的智慧，开我人的心眼。总之，一方面要怀着大悲心下化众生，另一方面要具有大智慧上求佛道，如此的双管齐下，就叫悲智双运。

"福慧二严"

"福"是修福。六度里的布施度、持戒度、忍辱度，全都是修无量福报的法门。"慧"是修慧，如修般若度、修禅定度等。努力实行菩萨的六度，适足以庄严我们的法身。

有的人虽然一心想修学大佛法，然而限于种种环境的因素，不能如愿，甚至也有修至半途而打退堂鼓的。一言以蔽之，环境上的阻碍与困难，造成不得已的苦衷与遗憾。但是所以有外力的阻碍或进行的困难，乃是缺少福报的缘故，可见"福"很重要。有的呢？福报固然不少，却始终不生学佛趣法的心志，为的是缺乏"般若"的认识，无"智"则难以入于正道。倘能福慧庄严，岂仅令人崇敬，因福慧具足，自然能成正等觉，与佛无二。所以，出家的比丘想认真地去修，用心地去学，不可以修福而不修慧，也不可修慧而不修福。务必将福与慧都修得圆满具足，才能成办佛道。

"檀信沾恩，众生受赐"

"檀信"，"檀"是檀那，译成中文是布施或施主；"信"是信佛的人。"檀信"合起来指经常诚心布施财物、供养三宝的在家居士。假设我们能够做到上求下化，修得福慧具足，这法身庄严，也就在不知不觉当中，使得在家居士们沾得到我的恩泽了，其余众生也一并受到我所赐予。因为发菩萨心、行菩萨道的我，以身示范，就使得在家学佛的大众，有了个好榜样，所谓有样学样。他们如果依照着做，早晚也能成办佛道，如此说来，不就对大众都有所赐予了吗？

"则粒米寸丝，酬偿有分，恶报难逃"

出家比丘要是做到这样，不论受多大供养，都没有过失，反而产生莫大的功德。反过来说，假如不这样做的话，"则"就是即使，即使是施主的布施微小如一粒米或者是一寸布，将来都要偿还给布施者的。这正是所谓："施主一粒米，大如须弥山。若还不了道，披毛戴角还。"如果违背了因果法则，不知修行，但受布施，未能利乐有情众生，反替自身造了业债，就是来世披上了毛戴上了角，做牛做马，也还是要报还宿世所欠众生的业债。

"恶报难逃"，是种了恶因，造了恶果，最后终必是得到恶的报应。俗语说："不是不报，时辰未到。"造恶果的人所得的恶报不过是迟早间的事。佛家的因果律洵属不虚。因此这里警惕出家比丘，要注意到这个问题，千万不能因循苟且，种下恶因，不知用功办道，枉费了施主的布施，到后来必然遭到恶报，是很难逃过这因果定律的啊！

"是为发菩提心第四因缘也"

这就是菩提心第四种的因缘。

读了以上的文，我们出家比丘应当怀有戒惧心，时时警惕自己，一旦受到施主诚心的供养，不论其布施是多是少，将来都要还报。拿什么去还呢？拿佛法去还：以佛法来度他们离苦得乐，舍妄归真；教他们如何修行，使他们将来也和我一样的戒德庄严、身心清净。不能做到这样，我们就辜负了十方施主供养的恩德。那么信施难消，恶报难逃。作这样想，这个菩提心就自然而然地发了起来，也才会精进道业。

出家比丘要作这么想，在家施主又要怎么想呢？千万别认为自己供养三宝，那些受供养的出家比丘看来似乎没有什么修持，就生出了轻慢三宝心，以为自己的布施是冤枉、多余。要是这么想，所做的功德无形中就消了一半，甚至全消了。要知道，发心供养是依法不依人，更何况"钱归山门，福归施主"呢！供养三宝的功德，纯粹归自己所有，别人是得不到一分一毫的。

我们要念众生恩

云何念众生恩？谓我与众生，从旷劫来，世世生生，互为父母，彼此有恩。今虽隔世昏迷，互不相识，以理推之，岂无报效？

我们要晓得，前面所讲的佛恩、父母恩、施主恩全是直接在生活上对我们有布施的恩德。我们要念他们赐给的恩德，发菩提心之外，还有一切众生，其实也是直接或是间接、现在世乃至过去世对我们有种种深厚的恩惠，所以念众生恩是发菩提心的第五种因缘。

"云何念众生恩"

什么是念众生恩呢？"众生"是有情的异名，是众缘和合而生的意思，人也是众生之一。人的这一生命体，不是单一体，而是由种种条件组成的一个结合体。我们的生，绝不是一生就算完了。我们死了，还有新的生命继续而来。即以我们的本身来说，也是生变死变，继续不断的。生时由幼年到老年，是在变化；死后的肉体也在变化。生前所做的事业，是在变化；死后的业识，也在变化。所谓："生了又死，死了又生，生生不已，轮回六道。"有着许多的众生，所以名之为众生。因为应该将死也要看作是另一种的生。再说，不但生前具有情识活动的生命叫众生，而死后升天入地的天人、修罗、饿鬼、地狱的各种形相，也叫众生。世间的六凡和出世的四圣，都是众生。所以，众生这一名称，是通于十法界的。分别来说，天上有着于乐的天人众生，有瞻忿执疑的修罗众生。地下有三途受苦的众生，人间有苦乐参半的人畜众生。二乘声闻、缘觉是自了汉的众生，菩萨是大道心的众生，而佛则是无上觉位的众生。

"谓我与众生，从旷劫来，世世生生，互为父母，彼此有恩"

我们从无始以来，生生世世在六道中轮回流转，和一切众生互相做父母。有时候我做他们的父母，有时候他是我们的父母，既然有着亲子之间的关系，彼此当然是互相有着恩德的存在。

"今虽隔世昏迷，互不相识"

现在世的人，由于没有什么修行，更不可能有宿命通的本领，所以一点都不知道过去世种种的事情。即使是前世父母来在眼前，也不会认识。

所谓"隔世"，就是今生与前世隔开，虽然不过是隔了一世，我们却昏沉茫然，半点都不晓得前世的一切事情，到底哪一位是我前世的父母？不知道！正好比在马路上遇见了陌生人，彼此陌生的缘故，连个招呼也不打，而实际上呢？彼此有过一段亲子间浓密的关系，以及深厚的恩德啊！

"以理推之，岂无报效"

我们应按照道理来推断联想，推理起来，众生不是和我们漠不相干；反之，关系极为密切。不一定我们所遇到的哪位众生，即是我前世或过去世的父母，对我有很大的恩德，我们怎么能无以报答，来为他们效劳呢？换句话说，我们又怎么能不报答他们的恩德呢？

今之披毛戴角，安知非昔为其子乎？今之蠕动蜎飞，安知不曾为我父乎？

这段文是约畜生道的众生作推测，认为在畜生道当中，何尝没有我们累世以来的生身父母？

"今之披毛戴角"

披毛戴角，是指畜生来说，无论是野生动物还是家畜动物，四足走兽，两翼禽鸟，都包括在内。即我们眼前所见的禽兽动物。

"安知非昔为其子乎"

不能说它们和我毫无关系。要知道众生被业力所牵引，为善者受善业的推动，死后的业识高尚，转生于天人有福报之处。作恶者受恶业所推动，死后的业识低劣，转生于三途恶道里，成为畜生，或饿鬼，或入地狱。一切果报，毫厘不爽。那么，也许今世披毛戴角的畜生，就是前生子女转世而来，只不过我们不知道罢了。

"今之蠕动蜎飞"

"蠕动"是没有骨头、软绵绵的虫类。凡是爬行地上、埋伏在阴暗潮湿角落里如蛇蝎，以及其他一切昆虫都是。"蜎飞"即是在空中飞动的各种微细的虫子，有的体积细小得几乎看都看不清。

"安知不曾为我父乎"

我们怎么知道那许许多多在地面、空中、水上滋长的细小虫子，不是我们过去世的父母呢？我们就不应该轻视它们，随意地残害它们。

每见幼离父母，长而容貌都忘，何况宿世亲缘？今则张王难记，彼其号呼于地狱之下，宛转于饿鬼之中，苦痛谁知？饥虚安诉？我虽不见不闻，彼必求拯求济。非经不能陈此事，非佛不能道此言。彼邪见人，何足以知此？

　　这段文，前四句是拿比丘的情况和前世作比较，就人道来说，是较亲切且易明白的。第五句以下却是说明宿世父母轮转到三恶道中求救的状态，然后再说明世上只有佛陀对这件事清清楚楚，也唯有经典将这些话明明白白地说出来，让学佛修行的人了解。

　　"每见幼离父母，长而容貌都忘"

　　这是就现世来说的。我们常常会见到这种情形——在孩提时代因为环境上的关系，和亲爱的父母离开，去到别的地方居住。日子一天天地过去，后来长大了，在一个偶然的机缘里，同父母重逢，虽是见到自己的父母，也不认得，因为幼小的心灵中，和父母别离久远，连父母到底是什么面貌都忘得一干二净。同样的，有那么长的时间没见到从前离别的子女，一旦相见，子女已长大成人，不再是童年时的面孔，所以父母也就认不得自己的子女。

　　"何况宿世亲缘？今则张王难记"

　　只不过今生一世当中，短短的几十年，由于彼此分离与时间上的因素，父母子女再度见面尚且是互不相识。又何况过去世？时间隔得更久，父母六亲眷属等，我们哪里能一一都认识呢？

以人死了来说，人死了之后，在转生以前有中阴身，这时尚能记忆生前的事情。有的以中阴识身为他的家人亲友托梦，虽然没有讲话，而意境相通。直到入胎以后，这识身即受新生胎教而迷失本性，不再记忆前生的事情。

既然认不得宿世的父母，所以说，前世的父母到底是姓张还是姓王，根本也很难记起了。

说到这里，实在应该感到惭愧。连自己父母都不认得，前生父母究竟在哪里？他们生活情形怎样？有没有在受苦？只怪自己修持不够，缺乏神通，就很难知道了。

"彼其号呼于地狱之下，宛转于饿鬼之中"

"彼"是指前生、多生的父母。我们宿世的父母或者因为过去造下了罪业，现在正沦入地狱道中，那便一定因受到种种苦刑的逼迫，发出极大悲哀呼号的求救声来。或者辗转堕入饿鬼道，受着身为饿鬼的种种难堪、痛苦的煎熬。

"地狱"，有八寒、八热地狱，尤其最后底下最深沉的无间地狱，里面的众生受苦无间，没有穷尽的时候。其中有一叫唤地狱，将罪人置放入汤镬中煮沸，真是惨不忍睹。罪人们因此日以继夜地在悲伤呼号，欲出无门。

"饿鬼"道的众生呢？多是几千年都听不到浆水的名字，所以没有米浆饮食，是由于自身所造的业障招致得来，往往上好的食物，只要一进入口，就自然化成了一撮浓热的火炭，或者是脓血，根本无法进食。试想这种情形何等的悲惨，令人触目惊心！

"苦痛谁知？饥虚安诉"

像上述或者是在无间叫唤地狱里整天叫苦连天，或者是在幽暗不见天日的饿鬼道中，忍受着饥渴难过的日子。像这样可悲悯的情景，有谁深刻地了解？他们身受的无限痛苦，又向什么人来倾诉？

"我虽不见不闻，彼必求拯求济"

我们既是没有修行，缺乏神通本领，不曾亲眼见到他们在饿鬼道忍饥挨饿的悲惨情形，也没有听到他们在叫唤地狱整日哀号的悲声。这里，"不见"是指没有得到天眼通，眼界便不能放宽、放远；"不闻"是没有得天耳通，耳朵也就无法听得很长、很远。

然而，那些过去世父母在地狱，或是饿鬼道里受苦的众生，由于生活在水深火热之中，苦不堪言，"彼必求拯求济"，他们就必定是希望早脱苦境，更盼望自己的子孙凭借佛法来拯救他们度脱苦难。他们在那里求救，痴痴地巴望我们早一天去解救。

"非经不能陈此事，非佛不能道此言"

这些实际的情形，虽然我们没有亲眼见闻，但也要相信它真实不假，要相信地狱或者饿鬼道中的过去亲属，一定是迫切希望着我们去解救！地狱之说，是具一切智的佛所说的。如《阿含经》《大日经》《悲华经》《地藏经》等，都有记载。佛之说出地狱呼号、饿鬼宛转，并非是出于幻想，而是天眼、天耳、宿命诸神通亲知、亲见而又亲闻。《金刚经》中说："如来是真语者、实语者、如语者、不诳语者、不异语者。"我们应深信佛说的话不假，不可存有丝毫的疑念。因此说，如果不是佛经，不可能把这些事陈述得那么清楚。如果不是佛，不可能说得这样的真实。

"彼邪见人，何足以知此"

所谓邪见，就是拨无因果的人。以佛法因果律说："如是因，如是果。"因果报应，丝毫不爽。但是邪见之人却不信因果，当然不知道依惑造业、依业受报的道理。人的苦乐升沉，完全是善恶的业力在左右着。修善业，上升天界乃至于超生极乐，得到安乐自在的果报。造恶业，一定堕落到三恶道里面，得到无量痛苦的果报。

持邪见的人，有两种思想：一是断见，二是常见。断见之人，以人生只此一世，生命结束，即永远断灭，俗语说："人死如灯灭。"根本不信来世。这样的人但知享乐，有的作恶却不怕报应。常见之人，认为身心常住不灭，人是世世做人，畜生世世做畜生。因此这种人持有我慢的偏见，也是不管善恶，不信轮回。这两种人，在佛法看来，都是偏见，用现代话来讲，也就是思想不正确。世间的大奸大恶扰乱社会、危害人类、失去人性、违反人情、违背伦常，大都是这类人。所以说，那些心存邪见的人，又怎么会明白这种真实的道理呢？

是故，菩萨观于蝼蚁，皆是过去父母、未来诸佛，常思利益，念报其恩。是为发菩提心第五因缘也。

"是故，菩萨观于蝼蚁，皆是过去父母、未来诸佛"

通常人们注重大而看轻小，总是以为大的生物有灵性，小的生命微不足道。其实众生无论大、小，都是有灵识的，都是有佛性的，都晓得要逃避危险，都对死亡感到恐惧。身为菩萨，观看众生是一视同仁。蝼蚁昆虫，也曾经是过去世的父母，也将是未来的诸佛。佛在经中告诫我们："一切众生，皆有佛性，凡有心者，皆得成佛。"何况蝼蚁也不是永远都转生为蝼蚁，一旦生命结束，业报终了，也可以受生为人。在人中修学佛法，也可以成佛。所以，我们也要好好地尊重它们、保护它们，不去伤害它们。

"常思利益，念报其恩"

不但不去伤害，还常常想念过去世中，它们可能做过我的父母，给过我们不少好处。既然从它们那里获得过利益，那么就应当想到用什么方法来报答它们的恩德。如果不发菩提心，毕竟无法度其出离苦轮！

再说众生乃是未悟之佛，佛是已悟之众生，其心性本体，平等一如，无二无别；但其苦乐受用，则有天地之悬殊。譬如一大圆宝镜，其本性（质）是铜，本自光明，如日日揩磨，则大放其光明，万象映照，纤尘皆现；而镜之本身，仍是空洞虚无，了无一物。诸佛之心，也是如是。佛能断烦恼惑业，圆彰智慧德相，故常享法乐，安住寂光，度九界众生出离生死，同证涅槃。至于众生，则因迷失性德，起惑造业。譬如宝镜蒙尘，不但毫无光明，即本体也生锈受损，不能再照。但此光明，镜本自具，非从外来，要在磨与不磨而已。

一切众生，皆有佛性，而佛与众生，其心行受用，则绝不相同，佛则背尘合觉，而众生则背觉合尘。佛性虽同，而迷悟迥异，以致苦乐升沉，有天渊的分别。我人如能详察三因佛性之义，自然能除疑解惑，出离生死。所谓三因，即是正因、了因、缘因。

一、正因佛性：即我人本具之妙性，诸佛真常之法身。此性在凡不减，在圣不增，处生死而不染，居涅槃而不动。众生因迷背而沉沦，诸佛因悟解而圆证。迷悟虽异，性常平等。

二、了因佛性：此乃因佛性所发生之正智。或由知识，或由经教，得闻正因佛性之义，而得了悟。众生因一念无明障蔽心源，不知六尘境界，其当体本空。而众生误认为安有，心致起贪、嗔、痴，造杀、盗、淫，由惑造业，因业受苦，反令正因佛性成为起惑受苦之根本。今既发生正智，从此了悟，遂欲返妄归真，以求恢复本性。

三、缘因佛性：缘即是助缘。我人既得了悟，即须修习种种善法，以期消除惑业，免入三途，增长福慧，得生净土，使本身所悟之理，究竟亲证而后已。今举例以证明之。正因佛性，如矿中之金，如木中之火，如镜中之光，如谷中之芽，虽然皆是本具，然而若不能了知，以及加入烹炼、钻研、磨砻（去谷壳的用具）、种植、雨泽等助缘，则金不能烧，火不能见，芽不能发。因此，虽有正因，若无助缘，则不能得其受用。

佛说众生皆能成佛，而欲度脱。众生因不了悟，不肯修习善法，以致长劫轮回生死，而不得出。于是如来广说方便之教，随机启迪，以希众生返妄归真，背尘合觉。

"是为发菩提心第五因缘也"

这就是发菩提心的第五种因缘。

我们要常时想到，众生和我有关系，有缘分。我们这个身体，实在是承受了众生莫大的恩惠。不论是军人、农人、工人、商人、富人、穷人、男人、女人……任何阶层任何地位的人，其实都和自己是息息相关的。因为这个社会是靠大众的互助互爱和合而成，是个有规律的团体组织，人是不能离社会而独立的，身受社会大众的恩惠，理当互相照顾与帮忙，故应时时心想报答一切众生，把自己的智慧与力量贡献给社会人群。作这么想，菩提心自然而然地发起来。

应时时念生死苦

云何念生死苦？谓我与众生，从旷劫来，常在生死，未得解脱。人间天上，此界他方，出没万端，升沈片刻。俄焉而天，俄焉而人，俄焉而地狱、畜生、饿鬼。

"云何念生死苦"

以上五种发菩提心的因缘，侧重于报恩方面，是由外在的影响而激发内在的菩提心。而以下五种发菩提心的因缘，是侧重于本身方面，是由内心的思考而生起发菩提心。

现在讲的是发菩提心的第六种因缘，什么是念生死苦呢？

"谓我与众生，从旷劫来，常在生死，未得
解脱"

我们每个人以及三界六道的众生，从无量劫以来，时常都在生死轮回的苦海中浮沉着，到今天为止，仍然不曾解脱。所谓"解脱"就是解除束缚。比方一个人被绳子绑得紧紧的，被什么样的绳子呢？被无形的贪、嗔、痴的绳子捆绑得好紧，完全失去了自由。

在佛经上说有四苦、八苦乃至无量诸苦。在众苦当中，生死是最大的痛苦。假如我们不生来此世，没有我们的生命存在，这苦又从何而来呢？老子说："吾之大患，在吾有身。如吾无身，吾有何患？"所以说，这诸苦的根源，就是我们人的生命的存在。如果能够解决生死问题，那么一切的苦自然消灭。

所谓生死问题，并非一期就算结束，而是生生死死，死死生生，一直在生死的旋涡中，迁流变化不息。旷劫久远的古昔以来，有情众生就是这样代代地相传下来。以佛眼来看，实在是太可怜。可是众生执迷不悟，终日熙熙攘攘，沉沦在五欲六尘之巷，不得解脱，这能怪谁呢？

"人间天上，此界他方"

我们这个人世间以及天上界，不仅这世界，还有他方世界。这是形喻他界的宽阔，范围的广泛。

"出没万端，升沈片刻"

这么多的众生头出头没，轮回在生死道上，都由于各造的业力、业感来这三界六道里面，或者是善的，升天做人，或者是造恶的，下堕入三恶道里面。不论上升抑或是下沉，都无须长久时间，而是在不到一刻的极短时间里面完成。

"俄焉而天，俄焉而人，俄焉而地狱、畜生、饿鬼"

"俄焉"是形容时间的短暂。忽然之间升天，忽然之间入于人道，忽然之间堕落到地狱道，或者是堕进饿鬼道，或者堕入了畜生道。在我们感觉，一生也许是常，然而在佛来看，这升沉变化，不过是无常的片刻。一如古德说："钻马腹，入驴胎，刚从帝释殿前过，又向阎君锅里来。"又，禅门坐禅时，监院持着警策，高声地唱念："生死事大，无常迅速，照顾脚下，救头要紧。"也就是说的这个道理。

黑门朝出而暮还，铁窟暂离而又入。登刀山也，则举体无完肤。攀剑树也，则方寸皆割裂。热铁不除饥，吞之则肝肠尽烂。烊铜难疗渴，饮之则骨肉都糜。利锯解之，则断而复续；巧风吹之，则死已还生。

"黑门朝出而暮还，铁窟暂离而又入"

首先，将众生轮回地狱恶道的痛苦情形加以叙述一番。"黑门"是黑暗无光之门，就是指地狱。作恶的众生才出离地狱，转生他道，不料，没多久又犯了新的恶业，再回地狱里来。这种情形一如人间不少恶性的囚犯，早上刚刑满出狱，便立刻再因犯罪被捕，晚上又返回了牢笼，自食恶果。

其次，"铁窟"是地狱的另一名称。因为地狱在铁围山之内，所以称作是铁窟。暂时性地离开了地狱，用不着多久，便又进入。作恶业的众生虽然在地狱受尽了苦报，还是不知悔悟，仍是业习难改。前生作恶，死后堕入地狱受苦。今生又再作恶如旧，那么死后当然再度堕入地狱，还要加重受罚，诚如《地藏经·观众生业缘品》所说："如鱼游网，将是长流，脱入暂出，又复遭网。"这业报是何等的可怕。

"登刀山也，则举体无完肤"

地狱和刀山相同，整个山的所在并不是有树、有草，而是全体遍布着锐利的刀。狱卒将犯人赶上山，然后推进、扑跌在刀口上，锋利的刀无情地遍刺着身体，全身没有完整和好的皮肤。这个情景想想就令人不寒而栗。

"攀剑树也，则方寸皆割裂"

地狱里有刀山，也有剑树。剑树地狱里，每一棵树上都插着一把异常锋利的剑，甚至树叶也都尖利如剑，划人即伤。罪人由业力所感而被逼登上了剑树，身体上极小的部分都被割裂，成为一副血淋淋的样子。

"热铁不除饥，吞之则肝肠尽烂"

地狱里又有一种铁丸地狱，那里边有着一粒粒烧得滚热的铁丸，看起来像世上的肉丸或菜丸，罪人见了，因为腹中饥饿，就连忙取来，放进口中，刹那间，就把整个唇舌都烧焦了，勉强吞下去，连肝肠都烂得一塌糊涂。

"烊铜难疗渴，饮之则骨肉都糜"

"烊铜"，即是将铜去煮烊成为浓滚的铜汁。当罪人见到烊铜，实在害怕，只是嘴里渴极了，狱卒就强硬将铜汁灌进他口中，喝了下去，全身的骨头和肉都被烧烂。

"利锯解之，则断而复续"

还有一个很可怕的利锯地狱，狱卒将罪人捆绑在一块硬板上，然后用极为锐利的巨大锯子拦腰把罪人割成两截。这已经够恐怖的了，但更痛苦的是，当风一吹，被割成两半的罪人又活了回来。虽然再活转过来，仍要遭到再锯的惩罚。

"巧风吹之，则死已还生"

地狱里面就有一种特别奇怪的风，凡是受了刑罚，死得支离破碎的罪人，一经这种风一吹，自然再活了回来。活转了，仍然再受罪。这情形，单凭想象就知有多可怜、多悲惨。

猛火城中，忍听叫嗥之惨。煎熬盘里，但闻苦痛之声。冰冻始凝，则状似青莲蕊结；血肉既裂，则身如红藕华开。一夜死生，地下每经万遍；一朝苦痛，人间已过百年。

前面四句，是说八热地狱的惨痛。八热地狱中，一、等活地狱，即如前文所说之刀山剑林，种种矺刺斩杀，死去活来。被活凉风所吹，复苏如故，等于前活，故名等活。二、黑绳地狱，如前文所说，锯解罪人，先以黑绳称量人体，然后斩锯，故名黑绳。三、众合地狱，有众多苦刑，俱来逼身，罪人互相结党相害，故名众合。四、叫唤地狱，罪人逼于众苦，发悲号之声，故名叫唤。五、大叫唤地狱，逼于剧苦，更发大哭声，故名大叫唤。六、炎热地狱，火随身起，炎烧周围，苦热难堪，故名炎热。七、大热地狱，因为热恼到极点，故名大热。八、无间地狱，受苦无有间断，故名无间。这八热地狱中之第六、第七，都是猛火炽热之处，第四、第五，都是号叫苦痛之声，所以说，在熊熊燃烧成火海的地狱当中，罪人们悲惨哀号的声音，我们忍心听闻吗？在煎熬的盘地里面，罪人仿佛是被煎炸的鱼虾，我们只听到他们的痛苦呻吟，岂不为他们难过？

其次，"冰冻始凝，则状似青莲蕊结；血肉既裂，则身如红藕华开。"这是说明八寒地狱的剧烈痛苦。在八寒地狱中，一、额浮陀，指寒冰初冻，使皮肤生疱。二、尼罗浮陀，皮疱冻久而裂。三、呵罗罗，罪人寒战声。四、阿婆婆，剧烈寒战声。五、睺睺，寒战已极，只用喉间出声。六、沤波罗，寒逼其身，作青莲华色。七、波头摩，寒气剧烈，身被冻成红莲华色。八、摩诃波头摩，身体呈大红莲华色。所以这里形容这寒冰地狱的情形，由于地狱里面全是冰雪，冷得不得了，受罪的罪人被驱进去以后，全身立刻凝结成为冰块，连血液都冻成紫青色，不再流动，好比世上青莲花的蕊一样，一团团的。更严重时，身上的血和肉都裂开来，那时又变成红莲花似的。

"一夜死生，地下每经万遍"

地狱里面，一晚上的死生，一夜就是万死万生，生生死死，可能经过一万年也不止。死了再活，活回来，受罪再死。根据经上说的：人间五十年，四天王天一日夜。四天王天百年，等于是等活地狱一日夜。

"一朝苦痛，人间已过百年"

一个早上在地狱里面所受的痛苦，可说在人间就已经超过一百年之久。试想，这受苦的时间是如何的漫长，难以忍受煎熬的痛苦呢？更有所谓的"无间地狱"，受苦无有限量。所以佛经常常教诫人们不要失这人身，堕进地狱道，到时候再后悔便太迟，所谓"一失人身，万劫难复"啊！

频烦狱卒疲劳，谁信阎翁教诫？受时知苦，虽悔恨以何追？脱已还忘，其作业也如故。

"频烦狱卒疲劳"

地狱里有不少看守罪人的狱卒，供阎王爷使唤，例如通常我们所说的牛头、马面等。这么多万死千生的罪人，当然令狱卒们感到不胜其烦而疲劳了。

"谁信阎翁教诫"

"阎翁"即地狱里的主脑人，他掌握了一切罪人的生死刑罚大权。不过，他衷心希望罪人改过迁善，因此当罪人刑满出狱时，通常他会教诫说："你们在地狱里已经受了那么多的痛苦，应该切实改过了。以后别再到这个地方来！如果不听忠告，再回到这里来，将有更大的惩罚够你受的！"只是出狱的罪人依然有很多不知改过，故态复萌，哪一个肯信阎王爷的劝诫呢？

"受时知苦，虽悔恨以何追？脱已还忘，其作业也如故"

罪人在地狱中受着种种刑罚折磨，这全是自造恶业，自己要承受，能够怪谁呢？虽然事到临头，后悔当初不该犯罪过，但一旦刑期满，从狱中放出，转生人道，就忘记了地狱身受之苦，还是像从前那么样的造恶业，以后地狱又有他的一份！可怜世间芸芸众生，情形多是如此。

这段文是教人应该知道忏悔，现在学佛不造恶因固然是很好，但过去所作的恶因，还是有一种深厚的余力（习气）潜伏在内心。现在忏悔是为防非止恶，不许它再有所发展，恶业因缘既不具备，也就没有发生作用的可能。

至于死后感地狱等果报，完全是现在自己所播下的种子。古德说："瞋恚与邪淫乃是地狱之业。"地狱太可怕了，然人们偏偏造出瞋恚、邪淫种种的恶业，因而现出了刀山、剑树等悲惨世界来。没有学佛、不具信心的人，便不相信死后有地狱的存在。他们或者会说："地狱在什么地方？我根本没有看到啊！"其实即使没看到，也不代表是没有，比方河溪里映现出月亮，很圆、很美；河溪里真有月亮？明明看到了呀，但看到也并不就代表有。

诸如此类的情形是不胜枚举的。例如，我们经常利用电源，使用电冰箱、电扇、电灯、电视等文明产物，为生活带来很多方便和好处。可是你见到过电是什么颜色，什么形状的吗？打开了开关，电马上供我们使用，但我们却一点都看不见它。是不是看不到便能否定它的存在呢？世上的事物有不少是肉眼没法子看到的，但绝不能说是没有。

地狱的确是有的，并不是虚无。可是它在哪里？在人们的心里！要是人造了恶业，自然地狱便出现，人也就自然堕进地狱中受苦。这个情形宛如世间犯国法的人必然要接受法律的制裁、要判罪、入狱服刑是一样的道理。反过来，那些奉公守法、不断做好事的人，监狱和他是无缘的，那么，监狱也等于不存在。

人间也有等活地狱的存在。某灵感录上就这么样的记载着下面的故事。

有一位年轻人非常喜爱猎捕山顶上的动物。他常常捕捉一些鸟儿放到鸟笼里面，下面摆着一个铁架，放火来烧。铁架上的鸟儿被烧得颤抖直跳，终于痛苦死掉。这青年的恶业实在做得太多了。

一天，他走上山坡，这山坡平地有几棵树，树上有鸟巢，里面有小鸟和鸟蛋，他想爬上树抓鸟和拿蛋，但突然间感到整个地上都是火在燃烧着，烧得他直跳脚，便一直悲哀地吼叫。这时有两个人望见他，觉得十分奇怪，就说："这个人怎么啦？那里根本什么东西也没有！地上不过一堆堆的草而已。他为什么在那里像神经病似的又跳又吼呢？"

那两人便对他喊话："喂！下来吧！你在那里做什么呀？"然而青年好像听不到喊话。这时候他实实在在是在地狱里面，但别人却一点都不知道。后来他似乎累了，就停止了蹦跳，摔倒在地上，他的双脚被火烧烂了。

那两人好奇地问他："你为什么跳得这个样子啊！"

他惶恐地回答："地面上全是烈火在烧着。我当然要跳啊！我怎么忍受得了如此的猛火？你看！把我双脚都给烧烂了啊！"

像这样的罪业，当下就落地狱。可见地狱是处处存在着的。

佛经里有一句话："一切唯心造。"释尊在世时，有位名叫鸠盘摩多的长者建道场，在兴建时舍利弗说："你目前发心建讲堂，所以你已成就了你的天堂！"

鸠盘摩多却回答说："我才开始建筑而已，就立刻有天堂了吗？"

舍利弗说："你天堂成就了，不相信的话，我运用道眼借你看。"

说着将天眼通借给长者看。长者看到兜率天宫里竟然有着他的仙宫。这个故事正说明人的一念向善，天堂便自然会出现。同样的道理，一念向恶，地狱就有份。由此证明此心可造天堂，但也可以造地狱。

上面讲的是在三界六道轮回里面，以地狱道是众生最受煎熬、痛苦无尽的地方。正因为在三界六道轮回生死，实在是痛苦不过。尤其地狱道种种痛苦不堪，即使你出离了地狱道再转生他方，仍然难以忘记在里面所受的苦楚。由于这么样痛苦的因缘，省庵大师认为，那也是适宜我们猛省回头，应当发菩提心以上求下化。

鞭驴出血，谁知吾母之悲？牵豕就屠，焉识乃翁之痛？食其子而不知，文王尚尔。啖其亲而未识，凡类皆然。

接着讲的是人要是转生于畜生道中所受种种痛苦的情形，以证明引说轮回的真实性。

"鞭驴出血，谁知吾母之悲"

为说明文题使人印象深刻，举出因果报应的例子。"鞭驴出血"是个什么样的故事呢？在从前我国北方的乡村，乡民常常用驴子背负杂物到市场去卖。驴和马相像，而比马为小，很能负载重物，但在行动上不如马的快速。

从前在大陆某县一乡村地方的一户养驴人家，主人生下一孩子，在孩子三岁的时候母亲便过世。所以只好父兼母职将孩子带大。好不容易孩子长大，在十六七岁青年时，教以负责饲养和使用驴子的方法。

可是孩子的母亲死后因生平不曾做善事，业因招致堕入了畜生道，成了一头驴子，偏巧生到这一家来。当孩子长大，这驴子也显得衰老。本来驴子行动就稍为缓慢，再加上衰老，走路自然更慢。

年轻人总是火气大，这头驴子走得慢些，青年便十分不高兴地叱骂说："死畜生！你偷懒是不是？"并且就将鞭子狠狠地打上去，打得很重。其实遇到上坡，别说载重物的驴子了，就是一个没有拿什么东西的人，也会感到相当吃力。可是这青年缺乏同情心。

驴子挨着鞭打，疼痛之余，又不能说话，只好用深沉怜悯的眼光望一望青年。青年根本不理会，一直打到它身上出血才肯罢休。

有一天，青年在睡梦中梦见一个女人，朝他的方向走过来说："孩子！你不认识我，我可认识你呢！也难怪，在你三岁那年我就死了。我是你的母亲啊！"

"你是我母亲？"青年好惊讶。

"不错！然由于过去世我造下不少的罪业，并且我也养过驴子，经常虐待它们、鞭打它们。因此业报难逃，今世只好投胎转生到你家当驴。没想到一报还一报，拖车实在太重走慢了些，却遭到你的毒打。你狠狠地鞭打着我，你没看见我一直回过头来看你吗？孩子！我所受业报的期限到了，我将出离畜生道的苦海了，我走了！可是希望自此以后，你对手下所养的驴子，可不要恣意地虐待它们才好！"

青年梦醒，出了一身冷汗，心中疑惑着，就原原本本地把梦中所见向父亲禀告。他父亲对他说："你说的没错！你梦到的确实是你母亲！因为你母生前为人忠厚，绝不会撒谎的。现在，我们快点去看看她吧！"

于是父子两人匆忙奔到关驴子的地方，想看看那头驴子现在到底怎么样。不料一看，那头驴子倒在地上一动也不动，不知什么时候死了。这使青年顿时悲痛极了。他不停地哭着，埋怨自己好笨，要是早知道驴子原是他母亲的后身，那不但不会打它，更会善待它。但一切都太迟了，他母亲转世为驴，明明是因被他经常虐待而死的啊！

所以这里说："鞭驴出血，谁知吾母之悲？"意思是这位不识前世因果的青年，鲁莽地用鞭子重重地鞭打驴子，使它流血，驴子三番两次回转头用哀求的眼光望他，可惜他不明白。他怎么会知道那头驴子即是他的母亲啊？如果知道当然也不会鞭打虐待了。

这个故事是实有其人，是有所根据的、令人鼻酸的悲惨故事。世上和这个故事类同的也不计其数，只不过我人没有天眼通或是他心通。人死了轮回受报,或者因为造业堕畜生恶道,是我们所见不到的啊!可是不能因为没有见到,便否定这种事实的存在。

"牵豕就屠,焉识乃翁之痛"

这里面同样包含了一个使人警惕的故事。往往我们看到一位屠夫牵了一头猪去屠宰,总以为那不过是一头供人食用的猪罢了,有什么好稀罕的呢?又怎么会想到这头猪,说不定就是你过去生中的父母?

从前有一位没有宗教信仰的屠夫,当然他是不相信因果道理的。这个人以屠宰为职,所造杀生事自然多得不计其数,何况一直到六七十岁的高龄,杀生的职业仍然不曾更改。

一天,他牵了猪去宰杀,然后返回了家里,突然感到很不舒服,便对儿子(也是做屠夫的)说:"我感到身体很不舒服,虽然已请医生诊治过,也服用了医师开的药,却不见有什么功效。而且,还做了个好可怕的噩梦!"

儿子关心地问:"是个什么样的噩梦呀?"他告诉儿子说:"我梦见整个房间,突然之间来了许多猪、牛、羊、鸡、鸭……凡是过去被我宰杀的,密密麻麻一大群,吓人哪!而且,它们竟都向我张口大喊:'还我命来!我往日与你无冤无仇,你却这么残忍杀害我!日子到了,还

本文讲解 151

命来吧！'"

儿子不信地追问："真有这种事？"

他说："真的！千真万确的，它们在骂我、拖我、咬我！好恐怖！我害怕极了！"

屠夫茫然无助地说，睁大了眼睛。他不安，睡都睡不着。他焦虑，充满了无可奈何的样子。他太痛苦了，可是谁也帮不上忙！病情愈来愈沉重，医生见了摇摇头，表示爱莫能助。最后他自己明白没有指望了，每天以泪洗面，甚至天天都哀哭，哭声和那被牵到屠宰场待宰杀的猪仔们的哀号一模一样。

他儿子看到这种情形，心中说不出的害怕，但也是一点办法也没有。这样又拖了一年，病情没起色，更加的严重，但偏偏又不死！就那样的拖磨着，屠夫日夜不断呻吟！有一天，他对儿子说："那一群猪鬼跟得我紧紧的，我想死也不能死，唉！好痛苦好痛苦哪！"

儿子伤心地问："那怎么办才好呢？"

他说："孩子！这样吧！听说猪鬼怕的是屠刀，你把猪刀放在门槛上，然后再端一盘水来，试试看用这办法，能不能让我死得平安一些。"

儿子只好照办，但是这办法并不管用。他依然疼痛得发出了猪叫声，最后他咬紧牙根，用充满决心的口气对儿子说："你把杀猪刀拿过来吧！"

起初儿子不肯，后来拗不过他，不得已将杀猪刀递了过去。没有想到屠夫接过了刀，竟用力割下自己身上一块一块的肉，而且还血淋淋地生吃，一直到了体无完肤，血都几乎要流干了，仍然没死。

这时他又要求说："请动手把我的腿整个割下来，这样我才死得成！"

儿子不忍地说："这个……爸！我下不了手啊！"

"如果你不听爸的话便是不孝！难道你忍心看爸受这么重大的折磨，仍没法死掉，你愿意爸继续受那么大的痛苦？"

儿子到了这时只好照吩咐做，就用力在屠夫的腿上狠狠割下一刀。屠夫厉声惨叫："啊！"这才死了。

虽然屠夫是死了，他的儿子依旧承继他的职业杀猪、杀牛、杀羊。过了不久，家里还是养了很多猪，其中一头最肥大，儿子很高兴，就以这头猪选作第二天宰杀的对象。

屠宰场工人很多，一清早工人赶这头猪到屠宰场去，当时天还没有亮。身为老板的儿子尚在家中大睡特睡，不料做了个奇怪的梦。

他梦见死去的父亲以沉痛的口吻向他说："孩子！让我现在来告诉你，由于我过去杀生实在太多了，所以现在做猪，也要供人任意宰杀！我已被杀不少次了，没想到现在又轮到要供你杀！你可知在你所养的猪当中，那头最肥最大的便是我。也正是你早上准备赶去屠宰场屠杀的那头！别人杀我我一点办法都没有，可是你毕竟做过我的儿子！我想你总会救我一命的吧？想想办法救一救我吧！"

这样一个不祥的梦，令儿子心中既伤感且害怕，一起床就匆忙赶去猪栏一看，然最肥大的猪已经不在栏里了。糟糕！他三步当两步急奔向屠宰场，一路上耳朵尽响起他父亲——也就是被宰杀的肥猪的哀叫声，悲惨得很。

这个故事说明杀猪或宰杀其他动物，要牵去屠宰场的时候，却不曾考虑那些将杀的牲畜，有可能是我们过去世的父母，那还下得了手吗？

"食其子而不知，文王尚尔"

这里面也含藏了一个悲惨的故事：商朝纣王在位时，荒淫无道，生性残忍。那时有西伯侯姬昌，他恰好和纣王相反，实行仁政，爱民如子，百姓都拥戴他。到后来全国有三分之二的人都崇敬他，渴望他兴师推翻纣王暴政。纣王得到这消息，心里害怕，便派人把姬昌抓了过来，软禁在羑里这个地方。由于西伯侯是大家公认的圣人，纣王想要是让圣人有了成就，恐怕我的王朝不保。忧虑得无计可施的时候，有一位大臣就献上一妙计说：

"大王不必耽忧，我想出一个办法，您不妨一试。烦大王把他的儿子伯邑考捉来杀了，再将其肉剁成肉酱煮成了羹给他吃。假如他不认识是自己儿子的肉，一定吃下去，还津津有味呢！那当然就不是圣人，那么此后也就不用太顾虑他了。"

纣王听了马上说："这个计划太好了，就这么办！"于是就派人抓住伯邑考，又将之剁成肉酱煮成羹汤，送去给文王吃。被关在暗无天日的牢狱里的文王，对外面一切情形，既非神仙又无神通本领，所以一概不知，由于肚子太饿，就捧起那碗人肉羹汤，津津有味地吃了下去。

纣王问手下："西伯侯有没有把肉汤吃下去？"

"启禀大王！他已经全部喝下去了！"

这时候纣王心中如释重负，得意地说："哦！那他根本就不是什么圣人，还怕他做什么？放了他好了。"就命部下把文王放走。后来，西伯侯的儿子姬发推翻了商纣王的统治。

像文王那么样仁德的圣人，别人把他的亲子杀了做成肉羹拿给他吃，他尚且无法知道。一代圣人不过如此，又何况一般平凡愚昧的众生呢？所以众生常时吃着自己六亲眷属的肉，却是浑然不知！

"啖其亲而未识，凡类皆然"

像文王那样吃自己亲子肉根本都不知道，普通一般凡夫也多是这样。因此世间茹素奉斋的人，就可以避免食自己亲属的肉，明白这点，我们更加不应当恣意去杀生。

当年恩爱，今作冤家；昔日寇仇，今成骨肉。昔为母而今为妇，旧是翁而新作夫。宿命知之，则可羞可耻；天眼视之，则可笑可怜。

过去世当中是一对恩爱的夫妇，形影不离；然而到了这一世，却成为冤家对头，互相残害。从前和你有冤仇的贼人，现在世转生做了你的儿子。又有的人前世是母子，而今世却结为夫妇。

像这样颠倒理性、违背伦常的事情，因为隔世而不觉，或迫于势而无可奈何，在在说明这五浊恶世，迁变无常，令人可悲、可叹。如果具有天眼、宿命的神通者看起来，也实在是可耻、可怜。我们常常笑畜生杂交，不知道母子伦常，但是照这么看起来，人和禽兽也没有多大差别了。因此，做一名佛弟子，对于因果报应的可畏，必须要深加警惕，务必要谨守诸佛通诫："诸恶莫作，众善奉行。"以免受这违逆伦常的果报。

关于人人不免的生死轮回，世俗愚痴的人往往执着爱恋，却不去想到自己的骨肉亲人很可能是为讨债而来，或是来还债的也有。我举一则令人警惕的故事来说明它。

古时有一位施主，他很富有，为了他独生子的结婚宴客，厨房里杀了不少牲畜，在厨师们巧手料理下又煎、又炒、又炖、又煮的全都变成美食。施主一家人兴高采烈地准备接受贺客们的庆祝。忽然门外来了一位疯和尚，一进门便拍手大声笑。施主生气地问："今天我儿子的喜事，并没有请你来，你来这里做什么？来了还不算，还又笑又闹，你存心来捣乱的，是不是？"

虽然被施主斥责，和尚却淡淡地应了一句话："我笑，当然有我笑的原因啊！"

"什么原因？你不妨说来听听看！"

"既然你想听，好！我为你说一首偈就明白了：'如今煎炒炒姑姨，堂上打鼓打翁爷。三世祖母娶为妇，我今不笑待何时？'"

施主茫然地问："什么意思啊？我还是不懂！"

疯和尚就解释："那我就不客气，对你直说了。施主！要晓得你厨房里又煎、又炒的那些鸡鸭鱼肉、山珍海味，说穿了无非都是过去生中的亲眷，如阿姑、阿姨啦，关系密切的人，你都把他们宰杀来招待客人！再说大厅上击鼓鸣乐的那张鼓皮也不是别人，正是你前世的阿公，死后堕入了牛道，被人杀掉，肉供人吃，皮供人用，才做成这面鼓的！你却敲敲打打地来庆祝喜事。其次，你的媳妇本来就是你过去生的祖母，你一点都不知道。照上面所讲，你说好笑不好笑？我现在不笑，你叫我什么时候才笑啊？"

施主到这时才如梦初醒，明白这位和尚表面像是疯子，实际上不但不疯，还是位有道的高僧呢！由此可见，三世业报、宿世因缘，诚然可畏、可惧。

粪秽丛中，十月包藏难过；脓血道里，一时倒下可怜。少也何知，东西莫辨；长而有识，贪欲便生。须臾而老病相寻，迅速而无常又至。

据经中记载，当人的业识投入母胎时，胎儿是在母胎的生脏（食物未化的肠胃）之下，熟脏（食物已化的小肠膀胱）之上，这就称作是胎藏（即生殖机关）。十月怀胎，胎儿在胎藏中成长，过程实在是很艰难。依佛经说："在胎如在地狱。母食热辛，如处八热地狱。母食冰冻，如处寒冰地狱。母行走时，如在碓磨地狱。母弯腰时，如压山岳之下。初期体小，尚可活动，体日增大，动转困难。"胎儿在胎脏中之痛苦，由此可以想见。故说："粪秽丛中，十月包藏难过。"粪秽是人的大小便，污秽得很，形容人肉体的内部其实是肮脏的。

到了十月期满，最后分娩时刻，胎儿的身体在胎脏内转动，由头下足上的颠倒过来，是倒置而出胎。一时脓血浆胞随胎而下，故说："脓血道里，一时倒下可怜。"脓血道里，是指阴道来说的。以上说明胎儿的生苦。

"少也何知，东西莫辨"

等到出生了以后，在幼小年龄、童稚无知时，经常分不清楚东南西北的方向，什么都不明白，见到任何物品，抓到就想要，不能吃的东西也拿起来就往嘴里送。幼孩就是这样的一副德性！

"长而有识"

是人的六根对六尘境界，起六识分别，因而发生好、恶、憎、爱的意识。

"贪欲便生"

心随境转，就生出贪欲，即财、色、名、食、睡的五欲。在此期间，受父母、师长的养育教学，学得了语言、知识、技术等的智能。随着智能的增长、年龄的长大，贪欲之心也就炽盛起来，善恶诸业也就开始造作。

"须臾而老病相寻，迅速而无常又至"

我们人生几十年，一转眼便成过去，仿佛仅是片刻时间，人也就由童年、少年、青年、中年而步入老年。到老年时，青年时的英气勃勃、精神充沛的现象渐渐消失，而成为暮气沉沉，老态龙钟。生理方面各项机能也随之松弛退化，这时候头发会转成花白，牙齿开始动摇，行动诸多不便，走路有气无力，做事意兴阑珊，生出各种的毛病来。紧接着，无常也跟着来到。佛经说人命无常，不过在呼吸间罢了。一口气不来，就失去这宝贵的生命。老人的生命宛如风中烛，随时有被吹熄的可能。

风火交煎，神识于中溃乱；精血既竭，皮肉自外干枯。无一毛而不被针钻，有一窍而皆从刀割。龟之将烹，其脱壳也犹易；神之欲谢，其去体也倍难。

人体本是地、水、火、风四大假合而成，人如果临死时，那风大与火大就猛烈地增长，互相逼迫。火是分化性，具有离心的作用；风是转动的，具有变动的功能。风、火既然交煎，人的神识在这中间就呈现混乱、崩溃状态。这时候，意识便模糊，精神自然也萎靡，平日能看得清楚、听得清楚的，到了临死却成为一片模糊。

还有，身体里面的精髓、血液到病重时，都煎熬得用尽了，身体上表层的皮与肉也都一一呈现出又干又枯的样子。我们通常见到不少本是肥胖的人，一旦病重将死，体内火炽而水分都蒸掉，就变为骨瘦如柴。

这时候，四大分离，有着剧烈的痛苦，全身上下没有一个毛细孔不是如同被针在钻刺一般，令人难以忍受。其次，身体上的窍穴，像眼睛、耳朵等，好像是被人用刀割削，不知道有多么难受。

龟之将要被烹煮，它的壳因为是整体，一剥就离。但是，人的神识离体，却因为平日所作之业，随识而出现种种境界。善业多的，就看到天堂之相，心中犹可慰藉；恶业多的，便怨鬼现前，索债纠缠，痛苦呻吟，悔恨交加。所以，比乌龟活活剥壳的情形还加倍的困苦！

世上任何人在死时，对他生平辛苦积蓄的财产都是很难舍离的，对他往日形影相随的亲爱眷属也很舍不得分开。然而这难舍难分的心境，着实痛苦万分。或是有留恋此世不愿放弃，气若游丝，犹不愿去。可见人在临命终时，备受种种忧苦煎熬，死苦是很惨重的心情。

心无常主，类商贾而处处奔驰；身无定形，似房屋而频频迁徙。大千尘点，难穷往返之身；四海波涛，孰计别离之泪。峨峨积骨，过彼崇山；莽莽横尸，多于大地。向使不闻佛语，此事谁见谁闻？未睹佛经，此理焉知焉觉？

我们的心，看似属于自己，实则受外界五欲六尘之牵引，这心并不能自主。心无主宰，常随境转，攀缘于心外的境界，就如同商人到处奔忙着。再说我们的身体，实在是四大假合，生时在不断变化，从少到老，没有一定的形貌。死后又随着生前的善、恶业而受苦乐之报，轮回于六道，像是住房屋，常常地搬迁移住一样。舍身受身，这边出，那边入。忽然上天堂，忽然下地狱，迁流变化，不得常住。

"大千尘点，难穷往返之身"

即使将这三千大千世界都化成一粒粒微细的尘沙，以一个微尘来计算众生往返在三界六道受生的身体，都难以计数得尽。

"四海波涛，孰计别离之泪"

世间所有的生死无量，而众生自无始以来舍身受身，在这六道里面，因生死不已所流下生离死别的泪水，比起四海的海水还多得多。

每一生死，就要脱一次躯壳；每一生死，便会留一堆尸骨。生死流转，川流不息，如果从旷劫以来计算数目的话，早已是高过高大的山，莽莽草原里所埋葬的骸骨，自然也横尸遍野，不是大地所能容载的了。所以说："峨峨积骨，过彼崇山；莽莽横尸，多于大地。"

"向使不闻佛语，此事谁见谁闻？未睹佛经，此理焉知焉觉"

像上面所讲的种种事，都在佛经中有所宣示。六道轮回、三世因果，实在是人间的事实，科学的铁证，可惜世人多迷执于现实享乐，不加理睬，不去注意。佛陀用他的慧眼超识，观彻生死大道，如实地开示我们，使我们大觉大悟，不再迷执，速行修道，必求解脱这生死之苦。假如我们一向都不听闻佛陀的教示，那么这种生死轮回的事实又怎么能看清楚？假如从来都不去看佛经，这个如实的道理又怎么会知晓？

这里也就等于启迪我们，明白佛法道理，比什么都来得重要。我们千万不要错过闻法的机会，而且要经常阅读经书，来启开智慧的心扉。

其或依前贪恋，仍旧痴迷，只恐万劫千生，一错百错。人身难得而易失，良时易往而难追。道路冥冥，别离长久，三途恶报，还自受之。痛不可言，谁当相代？兴言及此，能不寒心？

我们从无始以来，不知道要经过多少生死？而这生死流转，都是由贪、痴所致。因为贪、痴不断，所以生死不了。如果仍旧痴迷不悟，只恐怕万劫千生，一错百错。正是古德所谓的："一失人身，万劫不复。三途之苦，恶报难逃。"所以要想脱离生死苦海，只有赶快断除贪、痴。

"人身难得而易失，良时易往而难追"

我们得生到娑婆人间，有学佛闻法的机会，是极为难得的事情，所以要切实地把握人身以求佛法，大好的良机不可平白错失！佛经说："得人身如爪上土，失人身如大地土。"就是说明人身一方面很难获得，而另一方面也容易失去。

据《华严经》里提到一个恰当的比喻：好比大海里的一头海龟，这盲目的海龟在海上游。海上有一块木板，然而这板中间却有个洞。这头龟要一百年才起来一次，爬到上面，刚好是爬上去，头一抬起就遇上这个洞，就顺利爬上这块板来。这是非常的不易，因为一百年才一次，况且龟的眼睛又是瞎的！这个譬喻，显示我们这人的身体实在不易得，既不易得且易失，一旦失去，想把它追回几乎不可能了。

"道路冥冥，别离长久"

古德说："是日已过，命亦随减；如少水鱼，斯有何乐？"黄泉的道路（也就是阴间）是黯然无光，所看都是昏暗不明，因此是"道路冥冥"。一旦别离，久久不能再返，一切恩爱成空。

"三途恶报，还自受之"

所谓的"三途恶报"，上品恶业堕地狱，中品恶业做饿鬼，下品恶业变畜生。自业自得，依业受报。

"痛不可言，谁当相代"

这其中的痛苦是难以言喻的，不论如何的痛苦，都得自己承受，谁能代替得了呢？狮子峰和尚警世的语句，他说："纵使妻儿相惜，无计留君。假饶骨肉满前，有谁替汝？生者空自悲啼痛切，死者不免神识奔驰。前途不见光明，举眼全无伴侣。过奈河岸，见之无不悲伤；入鬼门关，到此尽皆凄惨。"他的话是一点也不假。

是故，直应断生死流，出爱欲海，自他兼济，彼岸同登，旷劫殊勋，在此一举。是为发菩提心第六因缘也。

佛经上说："爱为生死根本，由爱生欲，因欲受身。"因此，爱欲实在是生死的源流根本。我们要断生死源流，应当溯本穷源，探究根底。要是能够提起慧剑，斩断生死的根源，自然可以超出那爱欲的苦海，而了脱生死，证入涅槃的境地。

这慧剑也即是自心，也就是由身心提起观照，观察此身，因欲而有，欲自爱而生。进一步观一切诸法，本性空寂，无所爱乐，于是爱心自然息灭，而生死流断，也就得以出离爱欲海了。

"自他兼济，彼岸同登"

就是以此慧剑观察之功，去自化、化他，使每个人都能够提起智慧剑，斩断生死的源流，都得以脱出爱欲海，一齐登达光明的彼岸！这就是行菩萨道，发菩提心。我们从远劫以来，生生修行殊胜的功绩，完全在于这念生死之苦，出离生死心切，念佛求生净土，这样的话，涅槃的彼岸就可以登达了。

从前，梁武帝礼敬宝志和尚为国师。有一天，他特地请宝志和尚一起观剧。做戏的演员真是唱做俱佳，梁武帝看得相当高兴。他问国师说："今天演出的戏，你觉得剧情如何？"国师回答："我不清楚。"再问："你认为他们的演技、唱功都还好吗？"国师仍然回答："我不清楚。"

　　梁武帝心中不悦，就问："你明明一起在观赏，怎么说不清楚呢？"谁知国师这样回答："生死事大，哪还有心情观剧啊？"意思是，修行人行、住、坐、卧随喜，不变修道初衷，虽然一同坐着观剧，依然参究生死大事。梁武帝并不了解国师所讲的用意，于是国师请梁武帝明日依旧同来观剧。

　　国师第二天到刑部借提一位判了死刑的囚犯，带到剧场，然后对梁武帝说："今日我带一囚犯来，请你准他跪在台前，命令一同观剧吧！还有，在他头顶上顶着一铜盆，盛满水，如果能够观剧水却不倾出来，就请赦免他的罪，给他自由还乡。万一水倾出，那么就立刻台前斩首好了。"梁武帝同意了。

　　这一囚犯领圣旨之后，心中恐惧，生死心切，更无心观剧，只是一心注意铜盆中水，不使点滴倾出。果然戏剧演完，居然滴水都没有倾出。国师就命这位囚犯向梁武帝谢赦罪的隆恩。

梁武帝问囚犯："今天的戏怎么样？"囚犯据实回答："我不知道。"梁武帝再问："演员们演唱得好不好？"囚犯还是回答："我不知道！"梁武帝生气地斥责："教你观剧，为什么说不知道？"囚犯就惶恐地禀告说："陛下！生死事大，我只顾看头顶上的那盆水，哪里有心情观剧呢？"

这时候，梁武帝才恍然大悟，明白了国师昨天说的话。修行人专心究明生死，当然不去留心戏剧了。由此可知，念生死苦，则生死心切，不及其他。这样的话，就可以断生死流，出爱欲海。

"是为发菩提心第六因缘也"

这就是发菩提心的第六种因缘。站在出家的立场，如果真能起念死之心，了知生必有死，则应研习正法，远离亲眷财产，去除贪爱心念。

由六度布施等门以修心要，因世间诸法，一切徒劳，到头成空。这样归依修持，守净戒、作善业，便能够止恶防非。如《大涅槃经》说："一切耕耘中，秋实第一。一切迹印中，象迹第一。一切想相中，无常及死想为第一。由是诸想，能除三界一切贪欲无明我慢。如是即以如此能摧一切烦恼恶行大椎，是能成办一切胜善之门，故当赞叹。"所以，心常执取于不死方面，是一切衰败损坏之门。心常念死，则是一切圆满成实之相。不过此法甚深，应该用至心起修，以求解脱。

我人怎么样才能坚持此念死之心，而得出离脱苦？这有以下各种思惟方法。

一、思惟寿命无增，日见损减。人寿能至百岁，可谓极长边际。然而到此边际，寿命迅速即尽。如月尽其年，日尽其月，其日亦为昼夜所尽。况且昼间放逸，夜晚有睡眠，所以其寿命总量极少。《入行论》说："昼夜无暂停，此寿恒损减，既无可添增，我何能不死？"我人如能向内思惟，则一切外物，无不显示无常。人自入胎时起，即无刹那而能安住。出胎后，中间生存之时，又为老病使者所牵，而引导前行者，唯有死亡使者。所以不应于存活时，只图欢乐，不虑后世。

二、思惟生时不修，死后定生恶趣。人于百年之内，必定要死。人于壮年，不起修道之念，一旦衰老，即无勤修之力。眼前一切繁华，宛如一场春梦，回忆所享安乐，仅是过眼云烟，就该时做这样的思念：须立大誓愿，发菩提心，修习正法，弘扬佛道；不然的话，生时不修法，死后定生恶趣。我人既然知道有生必定有死，则于现世无暇停留。而且人死之后，并非是断灭，一定要受生。若不生善趣，定堕入恶道，这全是业力所驱使，自己并无自由存在。龙树菩萨说："日日应恒念，极寒热地狱。应念饿鬼等，饥渴等苦逼，亦念无量数，愚痴苦旁生，行善断苦因，得瞻部人身，既得人身时，断恶因缠结。"如能思惟修习正法，便能行善断苦，不堕恶趣，出离苦海。

思惟皈依三宝，敬佛、法、僧。思惟我等不能久住于现世，而死后生处，又无有自在，一切都被业力所牵引。善业势弱，恶业力强，思念堕入无趣，则心起怖畏，除皈依三宝，别无可救之力。如佛经说："佛法及僧伽，求解脱所依。"唯佛有自在功德，所以当皈依。佛于众生怖畏之中，使之超脱；大悲遍传，无有亲疏，普利一切众生。更对佛所说之法及代佛行道之僧伽，也应当皈依。对他所说道理，能够引我人的胜解，专心信仰，众生无不能救者。了知古今诸师行仪其教法，竭诚认知唯有三宝是真实依处，一切天神外道，则不作皈依。如《涅槃经》说："凡皈依佛者，此是正近事，终不应皈依，其余天神等。皈依尊胜法，应离杀害心。依僧伽者，不与外道伴。"这是说，不可皈依其他天神，于诸有情，可断除伤害，因天神有喜怒杀害之情。不与外道为伴，此等天界诸神，非是究竟归处。又鬼道所变现之土地神祇及龙神，可为助缘，不可皈依。此外，不信三宝及诽谤者，是不可共住的。

尊重自己本觉灵性

云何尊重己灵？谓我现前一心，直下与释迦如来，无二无别。云何世尊无量劫来，早成正觉，而我等昏迷颠倒，尚做凡夫？

"己灵"，即是人人自己本觉灵性，也叫作"性灵"，也就是佛法中所说的众生本具的佛性。我之现前一念，直下与佛心是无二无别的。人人既各具佛性，则人人都有解脱之分。如果能觉悟，心即是佛。彻悟己身的灵性，与佛心是一不二，则当尊重自己，自觉自我人格的尊严，不可自甘堕落。所以说："云何尊重己灵？谓我现前一心，直下与释迦如来，无二无别。"

但是，这里所说"与佛心无二无别"是约理性来说的。如以功行来说，我们与佛没有比较余地，相差太远太远。这就是为什么世尊自无量劫以来，很早就已成正觉，而我们仍然昏迷颠倒，还在做凡夫。我们之所以昏迷颠倒，乃是具足我、法二执颠倒，不了生死，所谓以无常为常，以无我为我，以不净为净，以非乐为乐，而又被烦恼系缚，不得解脱，不能跳出轮回三界。其实佛与凡夫区别，只在迷与悟之分，悟则成佛，迷则凡夫。我们修学佛法的目的，主要也在于转迷开悟罢了。

又佛世尊则具有无量神通、智慧、功德庄严，而我等则但有无量业系、烦恼、生死缠缚。心性是一，迷悟天渊。静言思之，岂不可耻？

佛身具有无量神通，变化自在。佛法说神通有五通、六通及十种神通。五通即是天眼通、天耳通、宿命通、他心通、神足通五种。六通是五通再加漏尽通，又叫方便智通，即是知现在一切的苦相，断尽一切烦恼的智慧。此智通可生出对于众生在不可说之世界，能示现在不可思议等正觉（佛智）的方便，使众生得证漏尽无生而成佛。

十通，是将第五之神足通，分为五种之方便示现不可思议之神力。即：一、生出对众生以不可思议之自在神力，对众生示现之方便智，如腾空、踏水、入火、缩地等之神变现象；二、生出示现不可思议世界之方便智；三、生出一念即可往不可说世界之方便智；四、生出庄严一切世界之不可思议方便智；五、生出对众生示现不可说化身之方便智。这无量神通力，神妙莫测，通达无碍，即代表佛之三德中的解脱德。凡夫受业障系缚，就没有这解脱德。

又佛具有无量智慧。佛有权、实二智。实智即是根本智，又叫作理智，实智照理，则理无不彻。权智又叫差别智，又叫事智，以事智照事，则事无不周。佛的智慧属佛之三德中的般若德。凡夫受烦恼障的系缚，无此般若德。

又佛具有无量庄严性功德。如来法身是由无量功德所庄严而成，属佛之三德之中的法身德。众生既具有佛性，然也具有法身；但因未有修德去庄严此身，故不能示现如佛之法身的庄严。所以说是："又佛世尊则具有无量神通、智慧、功德庄严。"

我们众生具足三障。无量业系是被善、恶诸业所系缚，使我等众生在六道中受苦，不得解脱；这属三障中的业障。又，烦恼在小乘说有见、思二惑：见惑以恶见为主体，做种种不正当的推度，有碍于见道的悟证；思惑乃凡夫有各种思念，对外境生起贪、嗔、痴等惑思，有碍于修道的思惟。烦恼有发业润生的功德，以致系缚有情，流转三界五趣，出生入死，障碍涅槃真理的证得，这是三障中的烦恼障。

众生受无量生死缠缚，于生死中受种种苦果。因业力的牵引，投入世间，前世所作，今世受报，今世所为，来生受报。种种苦痛，缠缚我身。所谓四苦、八苦、无量诸苦，逼恼着身心。经中说："三界无安，犹如火宅。"这是三障中的苦障，又叫作报障。

如此说来，佛与众生，心性虽然平等无二，但因迷、悟之不同，而有三障与三德的天壤之别。把心静下来沉思，实在感到可耻。佛早已成佛，我们却还做着平凡的众生！我们既生而为人，本具佛性，就应该自尊自重，不可以自暴自弃。如果能依佛之教，尊重己灵，向上精进，修道不怠，终必有超脱之一日。

譬如无价宝珠，没在淤泥，视同瓦砾，不加爱重。

这是拿我人的心性譬喻为宝珠。宝珠埋没在烂泥当中，正如前面讲铜镜被尘垢所污染，不见光明，不现宝色。

人们有眼却不认识宝珠，将它看作是普通瓦堆，根本不加重视、不加爱惜。原来我们看到的仅是外层表面上的烂泥或瓦块，一点都不明白，那些其实是无价的宝物。

这是譬喻人有着清净宝贵的佛性，但被无明、烦恼、业障、贪、嗔、痴等包围住，就不加尊重自己的灵性，甘心做个生死凡夫，不求解脱，这难道不是很可惜的事情吗？

是故，宜应以无量善法对治烦恼。修德有功，则性德方显。如珠被濯，悬在高幢，洞达光明，映蔽一切。可谓不孤佛化，不负己灵。是为发菩提心第七因缘也。

佛之说法，有八万四千善法，去对治众生之八万四千烦恼，也就是菩萨所行之六度，去上求下化。到了修行完满的程度，自然可以对治一切烦恼而无余。因此说："是故，宜应以无量善法对治烦恼。"

　　再说，众生既然具有佛性，因三障而不得显现，现在能修一切善法而成就功德，使本有之天然性德，得以显现出来。如同宝珠从淤泥中取出，加以洗濯清净了，使珠光重现，然后悬挂在高竿之上，遍照四方，不但本身洞明辉耀，且能夺取其他一切光明，使之掩蔽无光，相形见绌，世上任何光明都无法与之相比。

　　众生能依教修治自性，使己灵终不埋没，方不负佛倒驾慈航，示现人间，以苦口婆心，施以教化。更亦不负自己本有之性灵，能回光返照，出缠去缚而返璞归真。

　　所谓"己灵"，也即是我人之心性。此心性为世间、出世间一切诸法之根本，又叫自性、清净心、佛性、法身、如来、实相、法界、法性、圆成实性，都是同体的异名。此心即寂即照，不生不灭，灵明澄澈，圆融活泼。虽然凡夫迷执昏惑，但其本性直下与三世诸佛法体相同。故经上说："心佛众生，三无差别。"诸佛以其功德力用，究竟证得，使之彻底全彰。而凡夫昏迷颠倒，反借此功德力用之力，终六尘境，起贪、嗔、痴，造杀、盗、淫，因惑造业，因业感苦，惑、业、苦三者，互相引发，因因果果，相续不断，经尘点劫，长受轮回。纵想出离，也身不由己，迷心逐境，背觉合尘。如来悯念众生之苦，为说妙法，令其返妄归真，恢复本性；引导众生，广修功德，所谓"以无量善法对治烦恼"。修一切善法有了成就，佛性中本具的天然功德才能显现。如果不修德，徒具佛性，而无所依恃，终成话柄，而一无所成。

我们要晓得，一切诸法都由妄情所现；若离妄情，则当体全空。如此修定，则使四大皆失本性，六根皆可互用。所以菩萨不起灭定，不入涅槃，现诸威仪，广行六度。以眼根做耳根佛事，以耳根做眼根佛事（好像那观世音菩萨的行化），入地如水，履水如地，火不能烧，水不能侵，虚空可随意行住来往。这就是境无自性，一切随心所转。

这个心字，佛法最着重。佛法将万法摄归色、心二法，色法是属于物质，心法是属于精神，但一切物质的色法，都是从精神的心法所创作、变现。因此《起信论》说："心生则一切法生，心灭则一切法灭。"佛教基本修养方法是注重修心，也就是要把心调停好。心调停好了，其他外界的一切建设也就不成问题。

由于人们心性、爱好、欲望各个不同，既然有种种不同的心性，所以也有种种不同的调心方法。但许多调心方法归纳起来，不外分为五类。

一、多贪众生不净观。有些人，贪欲特别重，贪财、贪名、贪食、贪睡，嗜欲各个不同。这个贪字，是过分地追求与争取。本来人生在世，财、色、名、食、睡，各个都要受用，各个都免不了的；但是要做得心安理得，适可而止。若是做得太过，那就成了毛病了。所以，佛教之戒条，戒作无义的贪取。不过人之在世，不论其为贪财、贪名、贪食、贪睡，都是为了要资养这个身体，为这个身体做奴隶，为这个身体造业，为这个身体受罪。正如老子所谓："吾所以有大患，为吾有身，若吾无身，吾患何有？"因此，佛教为破除被人执以为我而造罪业的身体，教人修"观身不净"的方法，用心思惟，观察此具身体，在生之时，从头至足，一张包裹似的臭皮囊，九孔常流不净，无一美妙可贪之处。我人三天不吃饭，饿火中烧，口腔发臭；五天不冲凉，一身秽污，不堪见闻。到死之时，身体青淤肿胀，臭气熏天，掩臭而过，更要怕人。想到这里，那么，这身还有什么可爱？我们何必做它的奴隶，为讨好它而不惜种种服役，不择手段，造诸恶业呢？

　　二、多嗔众生慈悲观。有些人，嗔恨心特别重，或自嗔丑陋，或嗔他违逆，或起毫无理由的非理之嗔。因为嗔恨心重，自恼、恼人，弄得双方都遭失和的痛苦，不得安乐。为了这些众生，佛教他修慈悲观，观察一切众生本性平等，原来同体，如果他们没有快乐，应设法给他快乐，有痛苦，应设法拔去他们的痛苦，使之解脱。所谓："慈能与乐，悲能拔苦。"这种慈悲观之修习，久而久之，嗔恚火的热恼，就渐渐息灭，心地清凉，自不恼人，人亦无恼了。

三、多痴众生因缘观。有些人，愚痴心特别重。愚痴即是无明、没有智慧，不明了人生宇宙的真理，糊里糊涂，造了恶业，也不自知。也有些愚痴的人，自作聪明，因为不明人生缘起的真理，以为世间的一切生物，死了就断灭了，什么都没有，所以什么都不怕做。也有认为今生做什么，死后也是做什么的，所以做好、做坏都不要紧，都没有什么改变的。也有些自作聪明的愚人，认为人生世间的一切都是天造出的、神赐与的，只要向神求救，做什么都不怕。这些人的想法，佛陀认为都是错误的，所以教他们修因缘观，了知世间一切情与非情的生起，都是有它的主因与助缘和合而生的。了知因缘生活，进而了知它所生之法结局的果报，于是产生了因果的观念，知道一切法生成或毁灭，都有因果性。因善则果好，因恶则果坏，是一成不变的定律。能懂因果，畏因果，修善息恶，发生智慧，就不再愚痴糊涂，或自作聪明，认邪作正了。

四、多障众生念佛观。业障重的人，样样学不成，样样做不通。譬如你要礼佛，偏偏头痛肚痛；你要读经听法，偏偏呵欠打盹儿；你想做些好事，偏偏来了许多逆缘阻隔，使你做不成。如果有这么多障碍的人，唯一方便的法门，是多念佛。一句佛号，行、住、坐、卧，都可持念。或持名念，或默念，或金刚念，或追顶念，念得多了，业障消除，福至心灵，样样都通利了。经上说："念佛一声，可除八万劫生死之罪。"如千年暗室，一灯能破，方知法力不可思议，念佛不可思议，果报也不可思议。

五、多散众生数息观。有些人散乱心特别重，平时好似没有什么杂念，但到做功夫时，什么胡思乱想的杂念都涌上来了。如果碰到这种情形，应该修数息法，坐定之后，数出、入息，或数出息，或数入息，由一数到十，再由一数到十，数到几十个十，心专于此，其他妄念就停息了。

总之，佛祖种种言教，无非指示众生本具心性，令其返迷归悟、复本还元而已。

修持需要忏悔业障

云何忏悔业障？经言犯一吉罗，如四天王寿五百岁，堕泥犁中。吉罗小罪，尚获此报，何况重罪，其报难言！

业有善、恶、无记的三种分别。忏悔业障，当然指的恶业来说。人造恶业，在修行上便会产生种种障碍。依佛法说，唯有运用忏悔的方法，才能消除。忏悔有理忏和事忏。理忏，是忏悔的人，端坐默念实相。大乘真理是实相无相，我心自空，罪福无主。忏悔偈："罪性本空由心造，心若灭时罪亦亡。心灭罪亡两俱空，是则名为真忏悔。"至于事忏，则须结坛修法，身行礼，口读诵，或诵经咒，或读忏文，或念佛号，心中策观，观身、口、意三业，累生所作众罪，现在以三业同时忏悔。承三宝慈力及忏悔心力，一切业障全都除灭。

其次说吉罗，即是突吉罗，译为恶作，属于身、口之恶业，是五篇戒法第五篇之名。五篇戒法是：一、波罗夷罪，译作弃，又译断头。如果犯了这罪，永弃于佛法之外，如人断头，不能再生，犯的人立即开除僧籍。比丘犯杀、盗、淫、妄四戒，比丘尼再加触、入、覆、随四种，共八戒。二、僧伽婆尸沙，译为僧残。犯此罪等于将临死境，仅有残余之命，须向僧众忏悔，以全残名。比丘有十三戒，比丘尼有十七戒。三、波逸提罪，译作堕。此有舍堕与舍二种，仿佛人之堕于狱中。二种合起来，比丘有一百二十戒，比丘尼有二百零八戒。四、波罗提舍尼，译作向彼悔，即向其他比丘忏悔，使其灭除其罪。比丘有四戒，比丘尼有八戒。五、突吉罗，译为恶作，其所作之恶较以上四种为轻。比丘有二不定、百众学、七灭诤，合为一百零九戒；比丘尼亦同。以上五篇合计，比丘二百五十戒，比丘尼则加一百。

"如四天王寿五百岁，堕泥犁中"

"四天王天"又称四王天，宫殿在须弥山腰，山有四面，四王各居一面，各获一洲。那四王天寿命五百年，一日夜人间五十年。身为比丘，只要犯了任何一突吉罗微细的轻戒恶作，就一定堕到"泥犁"里。泥犁就是地狱的别名，译成中文是苦处。地狱是最痛苦的地方，所以叫泥犁。如果进入了地狱，就好像那四天王天的寿命五百岁那么长久的时间。

只不过犯了很微细的罪，尚且得到这样的苦报——堕入地狱很长的时间，犹如四天王天的寿命五百岁的时间的苦报。

反过来说，如果犯了上述四种重罪，那么所受的苦报就难以言喻，一定招致极其重大的苦报。

今我等日用之中，一举一动，恒违戒律，一餐一水，频犯尸罗。一日所犯，亦应无量，何况终身历劫所起之罪，更不可言矣。

现在我们四众弟子在日常生活里面，一举手、一投足，平日的行为常常做出违反戒律的事情。就是一餐一水的饮食当中，也是常犯"尸罗"。

"尸罗"译作清凉。为什么呢？《大乘义章》说："言尸罗者，此名清凉，亦名为戒。三业炎非焚烧行人。事等如热，戒能防息，故名清凉。清凉之名，正翻彼也。以能防禁，故名为戒。"《大智度论》解释："尸罗，秦言性善。好行善道，不自放逸，是名尸罗。或受戒行善，或不受戒行善，皆名尸罗。"如此说来，尸罗又叫作性善。一个人能远离罪恶，行诸善法，自然心安理得，俯仰无愧，当然心无热恼，而感清凉自在。

我人在一天二十四小时里面，就犯下了无量罪恶，终身历劫所造罪业，更是多得不可胜数。《普贤行愿品》中说："我于无始劫中，由贪、嗔、痴，发身、语、意，作诸恶业，无量无边。若此恶业有体相者，尽虚空界，不能容受。"

且以五戒言之，十人九犯，少露多藏。五戒名为优婆塞戒，尚不具足，何况沙弥、比丘、菩萨等戒，更不必言矣。问其名，则曰我比丘也。问其实，则尚不足为优婆塞也。岂不可愧哉？

所谓"五戒"，就是不杀、不盗、不邪淫、不妄语、不饮酒，是在家佛弟子所受之戒，叫作优婆塞戒。优婆塞是梵语，译作清信士、近事男、善宿男等，是亲近、奉侍三宝的在家男众。我国称在家修道之人为居士，这似与佛门的优婆塞相同，实则佛门之优婆塞可以娶妻，而居士则是居家的道士，居士原不属于佛教中人。慧远《维摩经疏》说："居士有二：一广积资财，居财之士，名为居士；二在家修道，居家道士，名为居士。"优婆塞应持之五戒尚且不能完全无缺，十有八九，都要犯戒，并且犯戒多是掩盖覆藏，不愿发露；更何况沙弥应持十戒，比丘应持二百五十戒，菩萨应持十重四十八轻等戒，更难以守持完全了。

假如问起这虽然受了具足大戒却受持不足的比丘，问起他的名字，他会回答："我是受过具足戒的比丘啊！"然而问到实际上的修持，受持果是如法吗？事实上，他所受持的戒法恐怕还比不上一个受五戒的居士呢！这难道不是应该扪心感到惭愧的事吗？末法时代的今天，众生业障较重，环境上的因素也较为混乱，往往出了家受过具足大戒的人，未能严格地持戒精进，无论如何，这都是身为比丘的人，应该要多加反省，知道惭愧的。

弘一大师曾对人说，未敢自称比丘，只可称作多分优婆塞，意思是连优婆塞五戒，尚且也没有受得很圆满。古德的谦逊言辞与警惕后人的苦心，真是令人感动。

当知佛戒不受则已，受则不可毁犯；不犯则已，犯则终必堕落。若非自悯悯他，自伤伤他，身口并切，声泪俱下，普与众生，求哀忏悔，则千生万劫，恶报难逃。是为发菩提心第八因缘也。

出家人持戒，如同世人之遵守法律。比丘不可犯戒，也一如世人之不可犯法。佛在《遗教经》中说："戒是正顺解脱之本，故名波罗提木叉（尸罗之别名，译为别解脱）。依因此戒，得生诸禅定及灭苦智慧。是故比丘当持净戒，勿令毁缺。"又说："若人能持净戒，那么就有善法。若无净戒，诸善功德都不得生，是以当知戒为第一安稳住处。"

无论出家、在家都应当晓得，佛戒不受就算了，既然受了，就应当终身持守，不可毁犯，犯就有罪，一定招来恶报，结果三途恶道，定当有分。

受戒，却又犯了戒，那将如何补救？就是要求佛忏悔，才能消灭。忏悔之道，首先自行怜悯自己的愚痴无知，然后推己及人，他人犯戒，我也当予怜悯，因为彼此正是同病相怜。进而自己悔痛感伤自己的迷惑颠倒，造这罪业。推己及人，一切众生，生生世世在迷惑颠倒中造作罪业，我应当协助他们。于是在三宝前面，身体虔诚地礼拜，当大众前发露罪恶，丝毫都不覆藏掩饰，并且由内心发出悲哀，声泪俱下，一切众生同声哀悯，以求忏悔。唯有忏悔，始能消除业障；唯有消除业障，始得不受恶报。如果不是这样，罪业不消，那么千生万劫，堕入苦海，恶报难逃了。

说到忏悔，不独佛教有此法门。其他宗教，也都有这一方法。基督教是向上帝忏悔，希望得救。道教是向神忏悔，请求赦免。佛教是在佛前忏悔，当众发露，并非是求佛赦免。佛教主张因果报应，自业自得。一个人造业有罪，连佛也赦免不了。因此，佛教的忏悔绝不是说我的罪业太重，请求佛陀赦免我。那么，向佛忏悔，是不是有用呢？这当然有用。不过不是佛的赦免，而是自己的本身，由内心发出来的一种善根力量，以此向善的力量，去抵消恶业的业力。表面看来，似乎是外力的加持，实际乃是本身佛性所具的三德力量的发挥。一切唯心所造，善恶一念之间。所谓："放下屠刀，立地成佛。"忏悔力量之大，是不可忽视的。

本文说，犯一吉罗小罪可以忏悔，如果犯了波罗夷等重罪，是否也可忏悔？关于这一个问题，部派说法不同。有的部派认为，犯重戒已失戒体，即无做比丘的资格。有的部派则认为，依法忏悔，可以恢复清净，而成为如法比丘。现在举一经说的例子。

一次，佛告舍利弗：过去有一比丘，法名欣庆，曾犯四根本戒。后来在僧团中，当众发露忏悔，经九十九夜，不眠不休，至诚恳切，哀求忏悔。于是让比丘戒根还生，如初受戒时。由此可以说明，纵然犯了四根本戒，仍然是可以忏除的。不过需要由内心出以至诚，自性发露，戒体才得复生，重新显露戒德。

又，佛对比丘说：犯四根本戒，固可忏悔。但须于犯戒之后，立即发露忏悔，不可稍有覆藏。如覆藏所犯罪行，不但不能忏除，还要加上覆藏之罪。

"忏悔"是梵、汉合说的名词。"忏"在天竺（古印度）叫作忏摩，悔在中国是懊悔。忏与悔各取一字，合为忏悔。"忏"是忏除过去已造之罪业，"悔"是对已造罪业之懊悔。忏悔己罪，禁戒尔后誓不再犯。忏可解为发露过去，悔可解为改往修来。佛教把忏摩译为请忍。今日在开堂授戒前实行忏摩，意义和忏悔相同，意思是请求三宝容忍我之罪过，兴善除恶，迫改往业。

又有译忏摩为布萨。因忏摩天竺原语为褒洒陀，是发露之义。一般人对自己所造的罪业，总是喜欢隐瞒，在佛教称作是覆藏。佛法的忏悔，是要人把所造的罪恶，完全向大众发露出来，不得有丝毫的隐瞒。如果隐藏覆盖，便又加一覆藏之罪。按佛制，每月十五日与二十九日（或三十日）两日，行布萨之法。此日，出家比丘如有罪恶犯戒之事，即当众发露，忏悔其所犯之罪。

忏悔之法，《四教仪集注》中有："一、作法忏，向佛前披陈罪过及身口所作，一一依于法度，以灭犯戒之罪。二、取相忏，于定心中而运忏悔之想，以灭烦恼之性罪。三、无生忏，正心端坐，而观无生之理，以灭除障碍中道之无明。"总之，忏悔是由内而外，诚意正心，以求明心见性，消除以往身、口所作的罪行。

求生净土是大乘理想

云何求生净土？谓在此土修行，其进道也难；彼土往生，其成佛也易。易故一生可致，难故累劫未成。

净土是相对秽土来说的。我们所居住的世界是秽土，又称作是娑婆世界。西方有净土，是阿弥陀佛所居，又称为极乐世界。此土是一切皆苦，而对此之极乐世界，是无苦唯乐。因此土多苦，故发心修行。障道之缘多而助道之缘少，故成道困难。往生净土到极乐世界，常得见佛，常闻佛法，故成佛也容易。

宋朝时，有一位净土宗大师——遵式法师，道号慈云——曾制定《往生净土忏仪》《请观音伏毒害忏仪》及《金光明忏法》等，后世称之为慈云忏主。他在《往生净土忏仪》中，拿苦乐来做对比，说明此土与彼土修行之十种难易：

一、此土有不常遇佛苦，彼土有花开见佛常得亲近之乐。佛世尊入灭二千五百多年，要想见他再现世间，要等到第十小劫的减劫，人寿减到八万岁时，弥勒菩萨才来降生，一直等到弥勒成佛后才得亲近，大致兜率天一生寿命的时间。而人间的百年，兜率天才一天一夜，有多长的时间？可见在这世界要见佛是如何不易？反过来说，极乐世界阿弥陀佛是无量寿，要是你一旦往生西方，是永久可以亲近到阿弥陀佛，这样修行当是容易。

二、此土有不闻说法苦，彼土有水鸟树林皆宣妙法之乐。拿人间举例说，一天当中，究有多少道场、多少法师在讲经给大家听呢？即使有充足的道场，缺乏讲经的大德，弘法人才不够，就是末法众生的福薄。反过来说，极乐世界不但能听到阿弥陀佛的说法，还有像观音、势至等大菩萨和一切清净海会众能说法，连那里所有的鸟儿、微风吹动宝树与罗网等无情众生，也都会发出法音来说法。修行人在那里常常听到微妙法音，修行便自然会进步。

三、此土有恶友牵缠苦，彼土有诸上善人俱会一处之乐。在这世间往往有坏朋友来纠缠我们说："何必这么辛苦地修行？何须拜佛、念佛？不如去娱乐场所玩玩，看戏、听歌、喝酒、打牌，还有趣得多！"想尽方法来阻扰修行，所以真正静下来修行还真不易。反过来说，西方净土一个恶友也没有，有的是人格高尚、信仰正确的同修善知识，平时相聚，总是鼓励用功向上，这样修行起来自然容易得多。

四、此土有群魔恼乱苦，彼土有诸佛护念远离魔事之乐。这个"魔"包括了烦恼魔（内心常产生各种烦恼）、蕴魔（色、受、想、行、识五蕴的生身，发出各项问题）、死魔（无常来到，挡都挡不住），以上三种是内心的魔。此外，天魔即魔王波旬（大自在天）以及他的魔子魔孙，随时都想尽法子来捣乱，和出家修行人作对。反过来说，极乐世界有诸佛护念着，因此魔事自然不现前，魔也因畏惧佛的光明与法力，不敢来捣乱，就能平安地修行。

五、此土有轮回不息苦，彼土有横截生死永脱轮回之乐。娑婆世界的众生有轮回生死，在三界六道中无法休息的痛苦。这样日夜被众苦逼迫，究竟难以安心学佛修行。反过来说，极乐世界根本不必轮回生死，当然可以专心修行。

六、此土有难免三途苦，彼土有恶道永离不闻其名之乐。在人间造了恶业，不论多少，自然会堕入三恶道，那就要承受罪罚苦恼，故而难放下心来修行。反过来说，极乐世界不但没有三恶道，甚至连恶报这个名词都听不到，当然可以安安心心地修行。

七、此土有尘缘障道苦，彼土有受用自然不俟经营之乐。这人间世界往住有因缘障道的痛苦，即一天到晚忙碌无非为衣、食、住、行的基本生活操心，烦恼不已。由于人人为生活奔波，想闲下来的时间实在不多，哪有时间好好修行？既然真实修行时间太少，要想进道就困难得很。反过来说，在极乐世界的生活，你想吃饭，只要一转念间，想吃的饭菜便现前，都不需事先准备，临时要也都有。

八、此土有寿命短促苦，彼土有寿与佛同更有无限量之乐。人间世界上，人生寿命很短促，即使如虚云老和尚活到一百二十岁，但一百二十岁又有多久呢？这可见修行时间太短。反过来说，极乐世界是无量寿，那里教主阿弥陀佛以及随侍在侧的大菩萨们，都同极乐世界的寿命一样的无量无边。既然寿命永久，我们在那里修学佛法，修到成佛，时间上不成问题。

九、此土有修行退失苦，彼土有入正定聚永无退转之乐。在人间修行往往容易退道，缺乏警策自心的缘故，当然末法时代环境复杂乃是主要的因素。反过来说，极乐世界有诸上善人集在一起，一切顺利，且有无量的寿命，所以不但不退转，更无须多久可修成一生补处的菩萨，直到成佛都是殊胜的。

十、此土有佛道难成苦，彼土有一生行满位居补处之乐。在娑婆世界修行到成佛极其的困难。据佛史，释迦牟尼教主历三大阿僧祇劫长时修行，经无穷磨炼，然后成佛，我们能比得上佛的耐心与精神吗？我人智慧可及得上佛的百分之一吗？别说是三阿僧祇劫那么久了，就是修这今生一生就困难重重，况且修完今生，死了再转生还能继续修行吗？在这世界修行好难啊！反过来说，极乐世界处处宜于修行，成佛非常的容易，只要能往生到那里，就是一生补处，由此一生就能成佛。

省庵大师为莲宗第九祖，一生精进念佛，临终往生极乐，其所著的《劝发菩提心文》之最终目的，也是劝人念佛，往生净土。西方极乐世界教主阿弥陀佛立有四十八愿，接引化度此土娑婆众生，令离诸苦，使得安乐，故西方极乐世界又名安乐国。世间十方诸佛国土，多有净土，而大师独指西方极乐世界，乃因诸佛净土，多无方便接引众生之愿，所以此土往生的少。独有阿弥陀佛有四十八大度生之愿，并于临终十念，纵令恶人，也得往生，因其易行、易成，所以此土往生者多。

是以往圣前贤，人人趣向；千经万论，处处指归。末世修行，无越于此。

往圣前贤欲求往生净土的极多。往圣，如文殊菩萨愿生西方偈中有："愿我命终时，尽除诸障碍。而见弥陀佛，往生安乐刹。"又如普贤菩萨行愿偈中有："愿我临欲命终时，尽除一切诸障碍。面见彼佛阿弥陀，即得往生安乐国。"

前贤，则有天亲、马鸣、龙树诸菩萨，中峰、楚石、彻悟诸禅师，以及慧远、善导、莲池、永明、智旭大师，也都是生前积极弘扬净土，临终念佛往生的。

千经万论，如《华严经》《宝积经》《佛说无量寿经》《观无量寿经》《佛说阿弥陀经》《文殊问般若经》《法华经》《智度论》《起信论》等，都是崇尚念佛法门，求生净土的。

末法时代的今天，实在找不出任何修行方法，可以比得上净土念佛法门的殊胜方便的了。念佛有总念与别念之分。总念有三种：一、称名念佛，即口称念佛；二、观想念佛，即静坐而观念佛之相好、功德；三、实相念佛，即观佛之法身非有、非空、中道实相之理。

另外，往生要集分为四种：一、定业念佛，即上说之观想念佛；二、散业念佛，即上说之称名念佛；三、有相念佛，即合上列之定业与散业两种之念佛；四、无相念佛，即上述之实相念佛。有相念佛属于事的方面，无相念佛属于理的方面。实则有相，念佛即是定业与散业两种念佛，所以说念佛之体，不出定、散与实相三种。这是总念。

其次，就别念来说，是对观佛而别立念佛。"观佛"

有观想念佛与实相念佛两种。"念佛"则是称名，故别念则有观佛三昧与念佛三昧之对称。而净土门则单取称名念佛，所念者虽然有诸佛之名，但净土门则只限于阿弥陀佛之佛。持名念佛，的确是往生净土的捷径。

然经称少善不生，多福乃致。言多福，则莫若执持名号；言多善，则莫若发广大心。是以暂持圣号，胜于布施百年；一发大心，超过修行历劫。

念佛法门易修、易持，十拿九稳，历来圣贤都提倡求生西方，所有经论都赞叹念佛法门。然而，念佛法门固然易持，是捷径中的捷径，万人修，万人去，却还是得发大菩提心。特别要注意的，如果少了善根福德的因缘，恐怕就不能往生到极乐世界里去。《阿弥陀经》中说："不可以少善根福德因缘，得生彼国。"修行者仅仅发求声闻或缘觉乘，自己了脱生死，这样的发愿和作为，由于不想去度化众生，善根就很微小、很少了。修二乘的人所受的福报，仅限于人天福报，不够往生西方的条件。

我们一定要多善根、多福德，以此作为往生西方极乐世界、亲近阿弥陀佛教主的资粮。多善根，主要是发菩提心，行菩萨道，就是积极的持五戒十善，修忍辱，行布施，做到一切随顺众生、利益众生的善行义举。

讲到这多福德，没有比念佛的福德更多的了。因佛具备万德庄严，执持佛的洪名，诚心念佛，胜过布施的福德多多。阿弥陀佛过去身为法藏比丘，在世自在王如来前发四十八愿。其中十戒条愿都表明用他的圣号来接引众生往生到他的佛国里去。尤其第十八愿说得最清楚："设我得佛，若有众生，欲生我国，至心持名，乃至十念，若不生者，不取正觉。"我们念他的名号，依照他广大的愿力，被接引到他清净安乐的国度，是了无可疑的。十方世界诸佛各有他殊胜之处，特别是阿弥陀佛，是专以他的名号来接引有缘的众生。所以，常持佛号，获致多福。而发广大的菩提心，勤修六度，必然多种善根。

　　即使暂时执持佛号，所得福德也胜过行布施百年的功德。这是什么道理呢？因为财布施所得福德，毕竟只限于人天福报。以升天来说，天福享尽的一日，仍然要下堕，所以是不究竟的，不能了生死，不能真解脱，并非真自在。但至心念阿弥陀佛一声，竟然能灭去八十亿的生死重罪。所以说，暂时受持阿弥陀佛的圣号，胜过于布施一百年的福德，就是显示这念佛法门的殊胜。在佛经里面有一则启发性的故事，可供参考。

　　从前有一个已证得阿罗汉果的比丘，具有他心通、宿命通的能力，能知他人的心事。他有一小徒弟，只是个十三四岁的小沙弥，跟他一起修学佛法。

这位声闻乘的比丘但求自度了生死，然而这做徒弟的小沙弥曾经听过大乘佛法，也看过大乘经典。有一天，师徒二人外出，按照规矩，当然是做师父的走在前头，为人徒弟的小沙弥要拎着包袱跟在后面走。不过，具他心通的师父发现自己的小徒弟忽然间发了菩提心，就命小沙弥将手中的包袱交给他，并且执意要小沙弥走在前面，自己却拎着包袱跟在后面走。

　　发菩提心哪有这么简单？纵然发了广大的菩提心，还是容易退失的呀！故此要注意，菩萨道必须是难行能行，难舍能舍，甚至难忍能忍，然后才能圆满成就。只要大菩提心一发，就统摄了一切善法，与阿弥陀佛感应道交，所以说，超过修行历劫。

　　盖念佛本期作佛，大心不发，则虽念奚为？发心原为修行，净土不生，则虽发易退。

　　念佛之目的，本来就指望自己将来能成办佛道，既然如此，就应当发菩提心，因为诸佛没有一个不是发菩提心、行菩萨道才能成佛的。不发菩提心，怎么样也成就不了佛道。如果你不发菩提心，还念什么佛？念佛又有什么用呢？另外，发菩提心的目的，原是为了修行，如果不是为修行，又何必去发菩提心？

　　假定说修行不能生于净土，即使现在发了广大菩提心，还是容易退失掉。因为这五浊恶世有种种障道的恶缘，难免令修行的人心灰意懒，承受不住打击和挫折。

过去舍利弗尊者的前身，是一个出家修行人，他准备行菩萨道，所以发菩提心要帮助别人。有一天他在路上遇到一个青年伤心地哭泣着，就上前问："你为什么那么伤心苦恼呀？不妨告诉我知道。"青年回答："家母生病，因此我好悲伤。"

"那为什么不去医啊？去医就好了嘛！"

"医生有请来，也仔细看过家母的病，问题是要一样东西作为药根，但这药根很难得到。要是没有它，我的母亲便活不了！"

"到底什么药根那么难找？"

"要才发菩提心、行菩萨道的菩萨的眼睛做药根，掺入药方中，煎药给家母用，病就会好！不然，家母就只好死了。可是，你叫我上哪儿去找发心菩萨的眼睛呢？"

鉴于青年的孝心可感，况且自己不正发菩提心准备行菩萨道吗？行菩萨道的机会来了，有什么好犹豫的呢？于是舍利弗就说："我就是你所要找的菩萨，你要的东西，我现在就给你！"一面说，一面用手把自己左边的眼睛挖了出来，交给那青年，然后说："快回家拿去做药根医母病吧！"

满以为青年会很高兴，谁知青年说："不对啊！我忘了告诉你，要右边的眼睛才行，左眼是无效的啊！"

好人做到底，送佛要送到西方，既然发了菩提心，干脆完全牺牲，来成全对方的孝道！于是舍利弗竟然把右眼也挖下来送给青年。不料，青年接过来放到鼻子下嗅嗅，却说："好臭啊！这哪里是什么菩萨的眼睛！"将眼睛丢在地上，再用脚一下子把它踩烂，并且大声说："菩萨的眼睛应该是香而不是臭的！你不是菩萨！我不稀罕你送的东西，我不要了！"

这一来，舍利弗气恼极了，倒不是心痛自己付出了那么大的代价——布施出一双眼睛，而是心痛众生难度啊！他顿时退失了菩提心，再不想度众生，宁愿做一个求一己离苦、了生死的自了汉。

由此可见，在这五浊恶世，种种障道恶缘，不免使修行者心灰意懒。舍利弗尊者因舍眼所遇到的逆缘，使得他退了大心，回向小乘。发大心的修行人，是必须求生西方净土，而后才能维持菩提心于不坠。

是则下菩提种，耕以念佛之犁，道果自然增长。乘大愿船，入于净土之海，西方决定往生。是为发菩提心第九因缘也。

菩提种子，乃是大乘之菩提心。以发此心，作为成菩提道之种子。种子下定之后，便一心念佛，求生净土。

如此精勤不懈，一天又一天，一年再一年，使这菩提种子，由八识田中发芽，开花结果。这念佛仿佛是用犁头锄耙来耕作，除去恶念的杂草，自然使道果增长壮大，最后圆成结实。

有人以为，既发菩提心，就依教修持，行菩萨道。向上求菩提、下化众生道路前进，何必还要念佛？但我们须知，念佛乃是耕耘、培植道果的成长。而佛法行者，即使发大菩提心，播下菩提种子，仍然需要老实念佛。以恳切至诚，去净业念佛，道果始能苗壮成长。否则，道果是不能继续增长的，要想达到成佛目的，便很渺茫而没有希望了。因此，希望每个发菩提心的行者，更要精进勇猛地念佛，不可以为念佛与发菩提心无关。

弥陀四十八大愿为渡生之船，对于念佛名号乃至临终十念众生，一切都接引，往生彼国。如果不往生的话，就不取正觉。弥陀以此大愿之船，普载众生，入于净土之大海，同赴莲池之会。西方决定往生，必可平安到达。既得往生，就横超生死，竖脱三界，也就定然很快证得菩提。

古时有一位打铁匠，因为他姓黄，大家都叫他黄打铁。有一天，老和尚走过，他上前请问，一面工作，一面修行，是否可以？老和尚教他正心诚意，打铁一下，念佛一声。他照办了，而且教儿子也这么做。自此以后，身体觉得很健康，没有什么病痛。但有一天，他像是预知时至，因自己不识字，命儿子到隔壁请一位读书很多的张先生来，表示拜托张先生写一首偈颂。张先生来了，他一面打着铁，一面说："我现在要念一首偈，请你将纸笔摊开，依照我念的写下来。"他念的偈是："叮叮咚咚，九品莲开，诸善海会，我往西方!"偈一念完，他站在那里往生了。好快，好干脆，多洒脱多自在的往生! 一点也不痛苦，又像一点都没有牵挂! 不像世上有不少人疾病经年，耗尽财产，受尽折磨地活受罪。可见念佛往生是如何便捷、稳当的好下场。

净土法门，说难极难，说易极易。说它难，则深入经藏，大彻大悟的人尚难生信；说它易，则愚夫愚妇诚恳念佛，临终即得现诸种瑞相，往生西方。那些大彻大悟，深通经论的反而一世不成，尚待多劫；这无他，乃往生净土的人专仗佛力，而由佛力以引发自力，然后以佛力、法力、自心本具之力，三方契合，故得超凡入圣，了脱生死。故求生净土，要在信愿，有信愿；即决定肯于认真修持，即得往生的益处。

求生净土，临终一关最为要紧。世俗之人，在父母眷属临终时，往往悲痛哭泣，为临终者洗身换衣，只图世人好看。殊不知此种举措，多破坏死者正念，使他不得往生，仍羁留于此界。凡是平素念佛的人，或死者的子孙信佛，于临命终时，先请众居士助念，等死者安然逝去，然后再为洗身换衣，那利益就很大。临终助念，譬如有人登山，自力不足，幸有前牵后推，左右扶持之力，便可登峰造极。再说，死者临终本持正念，因受亲眷的爱情牵绊，加以破坏。这犹如一人登山，自力本甚充足，而亲友各以己物，使他担负，那么担负得过重，终致力竭身疲，而不能到达峰顶，中途摔落涧下。此中之得失，虽是由他而起，实际也是自己在往昔劫中，具有成全或破坏他人之善、恶业力之所致。所以，凡修净业念佛的人，应成全他人的正念，前往助念，并预嘱死者眷属，陈说临终往生的重要利害，要注重死者神识得所，不在世情场面的好看。

诚然世间最可怜莫甚于此，而且举世之人，无一幸免，实则死之一字原是假名。人在宿世所感一期之报尽，便要舍此身躯。不信佛法的人，再受别种的身躯，只有死后随业漂流。现在我人有幸得闻如来普度众生的净土法门，则当信愿念佛，预备往生资粮，求生净土，以免除生死轮回幻相之苦，而证得涅槃常住之真乐。并有父母兄弟及诸眷属，若得重病势难痊愈的，应发孝顺慈悲的心劝他念佛，往生西方，且为助念，使病的人一旦死后决定生西。其利益之大，实不可言喻。

我们要令正法久住

云何令正法久住？谓我世尊无量劫来，为我等故，修菩提道，难行能行，难忍能忍，因圆果满，遂致成佛。

佛当初在菩提树下成等正觉，悟得缘起之正法，此一缘起正法是具有永恒、普遍、必然的宇宙真理之大法，是永久不变、不动、不灭的。佛为使正法久住，成立僧团，劝导出家修道，度化世人。佛在临终时付嘱比丘说："自灯明，法灯明。"即是说，只要有和合僧的存在，即是如来正法的久住。

佛在世时，谈经四十九载，席不暇暖，在印度各地弘法，发大菩提心，修菩提无上大道；扩大僧团，训诲弟子，其目的是为了正法久住，绵延佛法。再说，世尊之成佛，并非一世之修积，而是由无量劫来，经多生的磨炼，方得成佛。

别人难以做到的，世尊都做到了。举布施做例子，外在布施金钱、物质，这还不算怎么难舍，必要时要舍弃自己的头、眼、手、足，以至献出整个身体生命，像蜡烛燃烧自己，照亮别人，随时随地都随缘度化一切众生。这便是"难行能行"，佛的伟大地方。

佛教的传布，不是一帆风顺的。佛在世时，正值婆罗门教盛行当道。佛每到一处行化，必定要遭遇到婆罗门教徒的反对，佛都能忍人之所不能忍，逆来顺受，无有怨言，不思报复。三迦叶兄弟等人在皈依佛教以前，对佛用毒龙陷害，提婆达多用毒药及大石来害佛，佛都能克服与忍受，佛代诸众生受无量苦。及至佛教抬头，僧团得势，而各种外道又纷纷向佛发难，论辩攻击，佛也都能一一圆满答复，佛在这苦恼人间世上，度化所应度之众生，总希望将其所证之真理，使众生了悟，而借此身心得到自由解脱！

既成佛已，化缘周讫，入于涅槃。正法、像法，皆已灭尽，仅存末法。有教无人，邪正不分，是非莫辨，竞争人我，尽逐利名。举目滔滔，天下皆是。不知佛是何人？法是何义？僧是何名？衰残至此，殆不忍言。每一思及，不觉泪下！

佛在成道了以后，一直奔走于恒河两岸，足迹踏遍北印度各国，度化所应度的众生。凡与佛有缘者，皆已度尽，然后于八十岁时，在拘尸那罗国的娑罗树下，究竟圆寂。

佛的教法，留住世间，据经中说，可分为三个时期。一为正法时期，约为一千年；二为像法时期，也是一千年；三为末法时期，则为一万年。现在佛灭后已二千五百多年，应当是进入了末法时期，种种衰败现象，都一一暴露出来。玉琳国师因课诵示众说："迩来魔强法弱，亦以上无严师，故容邪谬之徒，插足宗门。"

末法时期的今天，到底是什么样的情形呢？一是"有教无人"，虽有佛的教法在，真正依照着去做、去修行的，却少之又少。二是"邪正不分"，一般人往往对正当的宗教与邪恶的宗教都分不清楚。有许多外道乱法，假造佛经、篡改佛典、红阳当道、弥勒下凡等妖异之说蜂起，以致邪正不分。三是"是非莫辨"，人们对合理或是不合理的，善的或恶的事根本分辨不出。四是"竞争人我"，每个人几乎都充满私心，不但在家人争名争利，甚至出家的人也在竞争名利，这种现象一般来说，非常的普遍。所以说是"举目滔滔，天下皆是"。

"不知佛是何人？法是何义？僧是何名"

佛、法、僧三宝，在现代有很多人都搞不清楚。

佛是觉者，是觉悟宇宙人生真理的人，他从中道的缘起观中而成为圆满正觉者。佛是人间的圣者，与一般神通所说的至高无上的神绝对不相同。不幸的是，在佛教徒当中，竟也有视佛为神的，以致神佛不分，而给予破除迷信的知识分子，认为佛教与神通是同样迷信，皆在破除之列。

法在佛教定义是轨持，梵语是达磨，就是不变的轨律。佛在证道之后，觉悟了宇宙真理，他将此法善巧权便地说出，留下许多佛典和遗教，此法才得流行于人间，传留到后世。所谓："佛为法本，法从佛出。"这就是佛法。佛证悟了此法，创此法说，就叫作证法。佛所宣说的法说，叫作教法。《俱舍论》说："佛正法有二，谓教证为体，有持说行者，此便住世间。"不幸的是，今日能够持说的行者实在是太少了。

僧是梵语僧伽的简称，译作和合众，原意是代表僧团，不是指个别的出家人。佛在世时组织僧团，是为了维持正法的久住。僧团中的出家二众和在家二众，必须是和谐、平等、清净、团结。然而不幸的是，今日佛教中却有部分自私自利的分子，以致失去了和乐团聚僧团的意义，毋宁说是可悲的事。

释尊以律法来摄受僧众，将住持佛法的责任交付给他。僧团乃是佛法久住的唯一要素。所以，佛陀、达磨与僧伽，鼎足拱立而成为三宝，这三宝如果缺其一，那么佛教之鼎就颠仆而不能存在了。

省庵大师见到当时佛教竟是这么样的衰敝，就不忍往下深说。每一想到佛教前途可悲，不觉潸然而落泪！

我为佛子，不能报恩。内无益于己，外无益于人；生无益于时，死无益于后。天虽高，不能覆我；地虽厚，不能载我。极重罪人，非我而谁？

作为一个佛弟子，如不能依法修行，说法度众，那就对于自己、对于他人，都无利益。对于生前、对于死后，也都无利益，等于虚度一生，生不如死。不要说是一个佛弟子，就是一般世俗的人，每个人生存于世间，必须要对社会、人群有所贡献，才不至于辜负此生、生于此世。如果是浑浑噩噩地混过一生，那不但有负佛恩，而且有负己灵，愧对先祖，愧对后代。我们如能觉悟到如来正法，去自利、利人，则不仅不虚度此生，且可依此功德，得生善道。不论出家与在家，凡能发菩提心，修持证果，获得解脱，依佛愿力，得生极乐，这不愧为佛弟子，亦且是报答佛的深恩。所以说："我为佛子，不能报恩。内无益于己，外无益于人；生无益于时，死无益于后。"

反过来说，如果我们不自尊重，不去如法修行，无益于己，无益于人，生无益于当时，死无益于后世，随业受报，沉沦于生死苦海，辜负佛恩，有愧父母；如此，则天高亦不覆我，地厚亦不载我。我虽生于天地之间，却为天地所不容。诚属罪大恶极。

"极其重罪的人，不是我还有哪个呢？"省庵大师真的是罪过极重的人？真是无益于世？当然不是！那都不过是大师反省之后所说的一番谦逊话罢了。

由是痛不可忍，计无所出，顿忘鄙陋，忽发大心。虽不能挽回末运于此时，决当图护持正法于来世。

省庵大师不但不是罪过极重的出家人，相反的，是个真正能自利、利他的一代高僧。只因他看到当时佛法衰残到这个地步，不期然自责，自以为没有尽到住持正法、续佛慧命的责任，由此，也就觉得悲痛得忍耐不住，认为自己对不起佛陀，没有好好地弘法。

想不出一个适当的计策能够使正法久住于世，忽然灵机一动，一下子忘记了自己的粗鄙陋劣，忘了自己是没有修行、不够格的出家人，就这样，忽然间发起广大的菩提心来。大师继续谦虚地说："我在涅槃会上来发菩提心，虽然这时候恐怕不能挽回末法时代佛教衰颓的运道，但相信依凭我的愿力，也决定要使得佛法在未来世中兴隆，一直到永远！"

是故，偕诸善友，同到道场，述为忏摩，建兹法会。发四十八之大愿，愿愿度生；期百千劫之深心，心心作佛。

这个道场是指阿育王山供养佛的舍利、那个供众生发修行心的地方，省庵大师就是来到了这地方。在涅槃会中求忏悔、作忏法是最好不过，因此领导大众建涅槃法会，一方面著述《劝发菩提心文》这篇文章。

不但如此，省庵大师也学阿弥陀佛发四十八愿，采取当时净土环境以及希望佛法久住世间等的意义，和要求生西的宗旨组织起来，编成一部四十八愿的愿文。祖师当中如智旭大师像省庵大师一样发四十八愿的也不少，而这些全都效法阿弥陀佛的发愿，每一愿都是为了度众生才发心的；更期望经百千万劫，佛法仍然住世。这么深广的愿心，心心念念无非希望一切众生修行佛法，证成佛果。

从于今日，尽未来际，毕此一形，誓归安养，既登九品，回入娑婆。俾得佛日重辉，法门再阐；僧海澄清于此界，人民被化于东方；劫运为之更延，正法得以久住。

从今天开始，到未来际的长时期中，尽一生的形寿，念佛求生西方净土。西方净土极乐世界，另一名称是安养国。

西方极乐世界莲台，分为九品，即上品、中品、下品中，又各分三品。凡十方众生发心念佛者，则在西方极乐宝池之中，实时生一莲蕊。蕊上标有其人名姓，随其念力，而有增长。因勤惰的不同，而有荣枯的分别。这是彼此感应符契之力，不可思议。又上、中、下品，随其功行，而分等级。往生大众，分毫不乱，其胜劣差别分明，实不可思议。九品莲华，乃是卸除凡间胎壳的玄宫，安住真实慧命的神舍。所谓花开见佛，脱胎换骨。往生众生，皆以此莲华为父母，故极乐世界称为莲邦，念佛之会称为莲社，道侣称为莲友。命终既得往生九品，于闻法得忍成道后，即再返回娑婆世界，大做佛事。使佛日重辉，法门再显。众生有着佛的慧日的照耀，方始有智慧而不迷失。大家能尽佛弟子的圣责去推动法轮，就会阐扬佛的正法，使一度停滞的佛法再得发扬。

"僧海澄清于此界，人民被化于东方"

"僧海"，是说僧团之广大。希望眼前我们僧团里面，恢复佛世时的清净庄严，而不是污秽杂乱。众僧心海清净，那么我们娑婆世界的人民也全都受到教化而心也清净。

如果能做到这样，由这末法时代，正法就继续增长而永久住在世间，最重要是有住持佛法的人在。

此则区区真实苦心。是为发菩提心第十因缘也。

省庵大师说，这就是在下微小的、真实的一点心意。就是劝大众同修，勉大家发心，大家若能做到，佛法自然可以永久住在世间。这就是发菩提心的第十种因缘。

佛是以一大事因缘而来此世。佛之出现到世间来，完全是为度化众生，使佛法永住于这世间。站在佛的四众弟子的立场，如何得使佛法久住，是非常重要的任务。大师立此发菩提心的十大因缘，目的就是观众生之苦，劝发心念佛，求生净土，以及观佛法衰敝而发心振兴佛教，使正法得以久住。因为如来的正法是经三大阿僧祇劫的漫长时间，舍去无数的头目脑髓，辛苦勤求得来。佛又以大慈大悲的菩提心，运用种种的善巧方便，为众生宣说自己所证得的妙法，使众生都能依法修行，也可证得此一无上菩提。然而佛在初转法轮，宣说正法，也颇不易。佛在最初得成正觉后，观察世间一般众生，根机浅薄，对如来大法不能接受，本想不说而速入涅槃，如《法华经》中，佛曾说偈："辛勤我所证，显说为徒劳。我宁不说法，疾入于涅槃。"佛说这话，也是证娑婆众生的愚痴难教。当时大梵天王知道佛的用意，感到自己既然无力拯救世人，何不请佛住世说法化导呢？于是梵天诚恳地请佛为众生说法。佛受梵天劝请，始大转法轮，宣说正法。

　　佛法流传此世之难暂不说它，光以佛法的传入中国，也不是易事。自古以来，中印之间的交通，便是一些传法取经的高僧大德们所开辟的。有他们的东来西往，为法奔劳，才有今日中国和日韩大乘佛法的兴盛。义净法师西去求法归来，曾作了八句诗以叹求法之难。他说：

"晋宋齐梁唐代间，高僧求法离长安。去人成百归无十，后者安知前者难。路远碧天唯冷结，河沙遮日力疲弹。后贤如未谙斯旨，往往将经容易看。"由于有古代这些奋不顾身求法取经的大德高僧，才使得现在的大藏经典，大、小、显、密无不具备。我们后之人坐享其成，又有几人肯去深入经藏，探研教义，肯不辞辛劳去转动法轮呢？

因此，身为佛子的我们，无论从哪方面说，都应当以弘法利生、续佛慧命为唯一的任务。唯有如此，才能报答佛陀的深恩于万一。《华严经》中有："假使顶戴尘沙劫，身为床坐遍大千，若不说法度众生，毕竟无能报恩者。"足证欲报佛恩，唯有宣说正法，劝诸众生发菩提心，修证佛道。

普贤菩萨的十大愿中的第七大愿，就是请佛住世。佛出世间，如同世间挂了一盏明灯，可以照耀世间黑暗，指导苦恼的众生走上光明的大道，获得身心的解脱。因此我们可以了解，如果有佛出世，即是人类的幸福，也即是人心向善、世间光明的时代。如果佛不住世，即是众生的福薄，也即是罪恶增加、世间黑暗的时代。这么说来，佛的应现世间，乃是依于众生的善根滋长、因缘成熟的时候而降世的。到了所应度化的众生皆已度尽，佛就示现灭度，离开此世。

佛的示现涅槃，脱离我们，也有两大原因：一、众生缘尽，示现涅槃；二、众生怠惰，示现涅槃。可是佛入涅槃之后，正法如何久住于世间？这唯有赖于佛诸弟子及诸善知识，继承遗教，续佛慧命，乃能由小乘而大乘，由出家而在家，宣扬佛法，护持佛教，发菩提心，行菩萨道。几千年来，佛教由印度传到中国，由中国传到日本、韩国，几经危难挫折，仍有贤能领袖如太虚、印光诸位大师的兴起维持，使正法久住，佛教常存。如今这些大德都已生西，瞻望佛教前途，也唯有我们这一代僧侣！如何肩负起这副重担，去使佛教复兴？如果我们佛教四众今后能同心一德，加强组织，端正行为，守戒定慧，精进修持，领导佛教，走向正路，那么佛教的前途仍然是光明无限的。

3. 结说

我们须躬自反省

如是十缘备识，八法周知，则趣向有门，开发有地。相与得此人身，居于华夏，六根无恙，四大轻安，具有信心，幸无魔障。

承接上文总结，对于发菩提心的十大因缘，都已完全认识。对于发心之邪、正、真、伪、大、小、偏、圆之八法，也已周知，那么，对开发菩提心就有了根据的基础，趣向圣道有了门径，不致错误，误入歧路。知道怎么样发心，怎么样修道，就一定可证得菩提，趣入涅槃。所以说："如是十缘备识，八法周知，则趣向有门，开发有地。"

古德说："人身难得，中国难生。"现在我们已得人身，又生于华夏（古代称中国是华夏），六根俱足，无有病恙，四大调和，轻快安适。而且又深具笃信三宝之心，幸无诸魔成为修道的障碍。

况今我等，又得出家，又受具戒，又遇道场，又闻佛法，又瞻舍利，又修忏法，又值善友，又具胜缘。不于今日，发此大心，更待何日？

前文说既得人身，生于中国，已属非常庆幸。现在更说八种庆幸中之庆幸。第一，成就出世离俗出家的志愿。第二，从师学道，受具足戒，止、作双持，精修梵行（戒分止持戒与作持戒二种：诸恶莫作为止持戒，众善奉行为作持戒。梵行乃清净断淫之行法）。第三，遇道场。即众僧修道的场所，此处指阿育王寺之山道场来说的。第四，闻佛法。即闻佛所说之涅槃妙法。第五，瞻舍利。得瞻仰释迦如来之真身舍利（即佛之灵骨）。第六，修忏法。修持忏摩，即在佛前当众悔过之法，以求消除业障。第七，值善友。与诸善友，俱会一处。第八，具胜缘。佛、法、僧三宝具足，也就是殊胜因缘。

最后三句是希望大众立即发这大菩提心，千万不要错过。

以虔诚普劝大众

唯愿大众，悯我愚诚，怜我苦志，同立此愿，同发是心。未发者今发，已发者增长，已增长者今令相续。

自此以下文句，都是愿请发心，恳切叮咛的话语。唯愿现前在座大众，怜悯我的愚衷苦心，大家共同来立此上求菩提大愿，同发此广大之菩提心。过去未曾发过心的，请从今天起发。已发过此菩提心的，应当使它逐渐增长。已经增长了的，让它继续不断，能够早得成就，获得生死的解脱。本文是劝人发菩提心，应相续不断，千万不可退失，以致堕入无底深渊，永世而不能出离轮回的苦海。

勿畏难而退怯，勿视易而轻浮，勿欲速而不久长，勿懈怠而无勇猛，勿委靡而不振起，勿因循而更期待，勿因愚钝而一向无心，勿以根浅而自鄙无分。

既然已发无上菩提心，就要广行菩萨道，那么，第一件事就是不要畏惧艰难，要难行能行，不要因为碰上了困难，就生出退转、怯懦的心理。第二，也不可以把行菩萨道认为是轻而易举的事，而轻浮躁进。什么事一旦抱着轻浮的态度，反显出自己的浅薄。第三，不可凡事求其速成，尤其行菩萨道是长期久远的，并且要持续不断，坚持到底而后成。第四，菩萨须具有大心、常心、第一义心、不颠倒心，也不可以懈怠从事，而缺乏勇猛精进之心。第五，修道途中遇到任何挫折都不失志、不颓丧，随时要打起精神来，不要萎缩而缺乏振作的精神。第六，不可以因循时日，一味期待将来，凡事要把握今天而努力。第七，不可因自己根性愚下迟钝，不如他人，就没有进修之心，愈是愚钝，愈当加倍努力修持，所谓："人一能之，己十之；人十能之，己百之。"第八，不要因为根机浅薄，就感到成佛无份而退屈；佛经上说："大地众生，皆当作佛。"

　　譬诸种树，种久则根浅而日深。又如磨刀，磨久则刀钝而成利。岂可因浅勿种，任其自枯？因钝弗磨，置之无用？

　　省庵大师苦口婆心，为激励佛法行者发菩提心、行菩萨道，因此举两个譬喻作为说明。

第一个譬喻，拿种树来说，种下去的根是浅的，但经过日子久了，原本浅的根却深固起来。这发菩提心也是同样的道理，只要认真修行，犹如菩提树根，受到法水的灌溉，外力绝对不能动摇它，而一直巩固着，菩提心就这样渐渐增长起来。

第二个譬喻，例如磨刀，在刚开始时，刀是很钝，几乎失去了刀的作用，然而只要耐心去磨，磨久了，刀锋自然也变得锋利了。

因此，我们怎么能说由于菩提树根太浅，很难成就，便不想好好用心来种它，任凭这树的根种枯萎下去呢？

再说，智慧刀也是这个样子。最初智慧刀还钝得很，没有办法断惑去迷，然只要磨久，便从有漏慧引发无漏慧，就可运用智慧刀断去一切烦恼，除迷惑，破魔障。所以，我们怎能认为自己的智慧刀钝，便把它弃于一旁而不用？

苦与乐作一比较

又若以修行为苦，则不知懈怠尤苦。修行则勤劳暂时，安乐永劫；懈怠则偷安一世，受苦多生。

又有一部分人认为修行佛法是痛苦的事，比方说，天没亮就得起床课诵，连睡眠都不够，平时尚且勤于念佛、拜佛，修行真不简单！这么想，就懈怠、放逸，不肯修行，将来必然会堕入恶道里面去。那时才是真正的痛苦！修行用功固然是比较劳苦，但只是短时间的，却可以换来日后永劫长时的安乐，怎么盘算都是合算的事情。

反过来说，修行人但知松懈自己的精神，求生活的安逸为满足；那么，今生一世苟且偷安，表面上快乐逍遥，但因没有好好地修行用功，反造了不少罪业，后来一定堕入三恶道里面，生生世世就难免轮回的痛苦，无有了时。

殷勤地一再叮咛

况乎以净土为舟航，则何愁退转？又得无生为忍力，则何虑艰难？当知地狱罪人，尚发菩提于往劫，岂可人伦佛子，不立大愿于今生？

何况我们发愿欲生净土，有弥陀的大愿舟船以为载运、航行的工具，它能普载众生，同登彼岸，同赴极乐世界的莲池大会，哪里会有退转的忧虑呢？

另外，欲得无生忍力的人，往生净土，托质于莲苞，花开见佛，闻佛说法，即证无生法忍，得身、口、意三轮不可思议神通：意轮可观机而随机施化；身轮变现，应以何身得度，即现何身；身躯轮说法，应以何法得度，即说何法。大心可自在运作，又哪忧虑有艰难？

我们应当明白，堕入地狱道受苦的罪人们，尚且有时会发菩提心，因为过去劫中发菩提心，所以他的菩提心未失。据《华严经》里记载：佛在降生时，地狱天子放光照他，就因这缘故而升到兜率天。这以后再至娑婆世间听世尊说法，因此证得十地菩萨的阶位。

那么我们现在生在人道，且又是佛弟子，怎么可以反不趁今生发大愿、发菩提心呢？这样岂不是还比不上地狱里的罪人了？

省庵大师在这结劝当中，仍然是要人发菩提心，行菩萨道，救济世人，除苦得乐。而菩提心之所以发起，则是由于生起大悲心之激动。一切诸佛如来，皆是以大悲心为体，而以解救众生痛苦为目的。菩萨因于大悲，才能发菩提心，才能救人度世。假定我们没有大悲心，也就不能发菩提心，也就不能成佛。菩提心为什么由大悲心生？由于平时观察众生，发现众生有一切痛苦，我们内心便自然怜悯同情，于是发大菩提心，以期为众生拔除痛苦。如不时时观察众生是苦，则大悲心念就不会生起；大悲心不生起，菩提心便不会发生，足见菩提心是因大悲而生起。

生存在这世间的众生，的确有很多痛苦。具有同情心的人，发现众生在受苦况的包围，绝不忍坐视不救。如孟子所说的："见孺子之投井，则无不往救溺者。"有的人看见他人落水，不计自己的不识水性、不善游泳，竟然奋不顾身，跳下去救人，结果自己反而淹死。像这种行为，都是起于一念的同情心。在佛法来说，这即是大悲心重。反过来说，没有同情心的人，见到他人受苦，无动于衷，被人讥之为冷血动物，就是无大悲心。要这样的人发菩提心去救世度人，是难乎其难。

同情心大而大悲心重，见到别人受苦，自己心中就生起无限的同情与怜悯，时刻想去如何为人解除痛苦。不但对人如此，就是对飞禽走兽，也是寄与同情。如走到街上，看到人打狗，就觉得这只狗可怜，对它发生同情与慈悲。不过世人同情心的范围太小，有的人只能限于对自己的父母兄弟姊妹或亲属朋友，在苦难时加以同情去救助，而对于其他不相关的人，甚或对其他飞禽走兽，不论是如何的痛苦，也难生起同情救助之心。这是世人凡夫的心量不够广大，真正修菩萨道的行者，便具有大慈大悲之心，把同情怜悯的观念，扩大到全人类及一切众生，于是才能生起上求下化的大菩提心来。

我人见到众生的痛苦，大悲心油然而生，便发心要去救度众生。可是自己力量渺小不足，又怎能达到救助的目的？于是便发愿立誓，发菩提心，修菩萨道，以求成佛。一旦到达佛位，自然神通广大，有大力量，可以善巧方便诸种法门，去利益救助一切众生。所以，我人成佛的目的，不是为了自己快乐，而是为了普度众生。假定世间众生不需要教导与度化，那我们也无有成佛的必要。世间没有众生，又哪来的佛教？没有佛教，便没有佛。成佛的动机，自己虽然得到无上正觉的法益，涅槃寂静的解脱，但主要的目的，还是为利益众生度众成佛着想。我们由于具有利他的大悲心，而激发自身的菩提心，在上求下化当中，广修菩萨大行，到了智德圆满，就得成等正觉，也即是成佛。如此说来，成佛是由发菩提心而成；如果不发菩提心，是不会成佛的。所以，大师在结语中，仍然再三普劝发此菩提心之大愿。

再者，省庵大师用种树、磨刀种种譬喻，劝人勤苦修行，不可苟安懈怠，枉过一生。自力修行不足，则须假以求生净土以为舟航之力，精进不退到安养国，以期花开见佛，得证无生法忍。这样，生前多做慈悲、救难、普度众生的功德，死后往生极乐，得证无生法忍、永寿无量之快乐。

无始昏迷，往者既不可谏；而今觉悟，将来犹尚可追。然迷而未悟，固可哀怜；苟知而不行，尤为痛惜。

无始以来在这六道里面生死轮回，却昏迷而不觉，颠倒沉迷。可是已经成为过去的事，想劝解也没有用，追悔也来不及。

现在已然觉悟从前的不是，本着佛法之昭示，发广大心，立下菩提愿，尽未来世修行，还可以弥补过去的错误。也就是说，尚未到来的将来的日子，还是可以追回补救的。

然而，由于往昔不曾听闻到宝贵的佛法，昏迷不觉，是值得哀悯怜念的地方。因而在佛、菩萨的眼里，一切迷惘不觉的众生，就如同他那顽劣、幼稚、不懂事的子女，心中寄以无限的怜悯。

如果是昏迷不觉，所以不修行，这还是情有可原的。但是有一种人明明晓得佛法殊胜的益处，仍然不肯依照佛法去修行，这样就更加使人感到悲痛与惋惜！

若惧地狱之苦，则精进自生；若念无常之速，则懈怠不起。又须以佛法为鞭策，善友为提携；造次弗离，终身依赖，则无退失之虞矣。

本文是承继上文的知而不行，便是大错。首先当念地狱之苦，在前面已经详细说过了。如果我人畏惧地狱之苦，念及一失人身、万劫不复的苦况，自然就发心不退，勇猛精进，力行上求菩提下化众生的菩萨道。怎么样才能精进？就是应当常念无常迅速，人命只在呼吸之间，一息不来，便成隔世之人。这么一来，懈怠之心自然不会生起。

再说，我人必须时时鞭策自己勤修大道，依佛为师，以法自励，远离贪欲，舍诸放逸；更须有善友、善知识的提携，同在一处熏习修持，互相影响帮助，时刻不离这佛法善友，终身依赖这佛法善友，自然道心日增，学业日进，而永无退转的忧虑。

勿言一念轻微，勿谓虚愿无益。心真则事实，愿广则行深。虚空非大，心王为大；金刚非坚，愿力最坚。

我人能发这一念的菩提心，即种下将来成佛的种子在八识田中。所以，不要认为发心不过是轻微之一念，虚立心愿也无补于实际。要知道，如果依真心诚意去修行，则心真而事业即成实在，是真实不假。如发四弘誓大愿，依此大愿而力行，精进不退，则心愿广大而行业也必深重。如《心经》所说："观自在菩萨，行深般若波罗蜜多时，照见五蕴皆空，度一切苦厄。"这菩萨行甚深广大智慧时，即可度一切苦厄。我人发菩提心的广大心愿行深，必可得此广大智慧，而达成上求下化的目的。

"心王"是指菩提心来说的。这心中之王一发，可竖穷三际，横遍十方，包容太虚，周遍沙界，直可盖天盖地。所以说，虚空并非是最大，我人的八识心王才最大。

另外，世上至坚之物就是金刚宝石。可是金刚之坚犹不能胜过愿力的坚固。佛经中赞此愿力的伟大说："假使热铁轮，于我顶上旋。终不为此苦，退失菩提心。"由此可知，发菩提心愿力是如何的坚强伟大！

　　大众诚能不弃我语，则菩提眷属，从此联姻；莲社宗盟，自今缔好。

　　省庵大师对听众说："各位如能不嫌我这番苦口婆心的话语，那么虽说由于各种不同的因缘，你们却不以为我人微言轻，肯信任我，共同来发菩提心，彼此就是意兴相投，菩提道上的眷属，像俗世联络姻亲之好一般。再说大家结聚一起，成为共同念佛的莲友，好比是当年庐山远公大师莲社的社友结成了宗盟，友好共修的情形。每一位莲友自必获得法益。"

　　所愿同生净土，同见弥陀，同化众生，同成正觉；则安知未来三十二相，百福庄严，不从今日发心立愿而始也。

　　省庵大师继续说："现在我和各位在这里共修忏法，所希望的是与各位一同发菩提心，行菩萨道，将来一同往生西方极乐，在那里莲华化生，华开见佛，拜见阿弥陀佛教主，顿除业因，豁悟真谛，证无生忍，然后分身，回相尘刹，遍至十方，化导众生，同成正觉。如果依照以上所讲一一做到，怎么能知道未来成佛的三十二相、百福庄严的佛身的成就，不是从今天发下菩提心愿为起点而达成的呢？"

佛的三十二相、八十种好，在佛经里记载得十分详细，根据《智度论》《大品般若》《涅槃经》上都有说明，从佛头顶的肉髻、眉间的白毫、胸前的卍字，一直到脚下的千辐轮相，一共有三十二种相。如微细的相，则有八十种。这样的相好庄严，必须培植无量的功德福报圆成，所以说是"百福庄严"。这三十二相百福庄严，也只有修成佛道始能具有。

愿与大众共勉之。幸甚！幸甚！

大师最后结劝，以发菩提心，乃是成佛之因，既种佛种于心田，将来必证佛果于极乐。所谓："种瓜得瓜，种豆得豆。"如是因，如是果，因果丝毫不爽。所以大师在本文总结，对在座听众慎重地说："我的愿望是与诸位共勉，共同走向自利利他的菩提大道！"

这《劝发菩提心文》一共是三千六百十八字，主要内容是要大众发菩提心，求无上佛道。我们发菩提心必须正确，以八种方法来分别它，再接十种因缘启发它。我们发菩提心不能间断，必须要每天发、时时发、念念不断地发。

　　读过这篇文章后，尤要深加体会，以古圣先贤为师范，觉悟过去的不是，发菩提心，立坚固愿，一定能成佛道。成佛后，要发大悲心，弘誓愿，去度一切众生！古人以读诸葛亮《出师表》与李密《陈情表》，不被他们的忠肝义胆或孝心感动得落泪的，就不算是读书人。在这里我也要说，学佛修行者读本文后，如果不被省庵大师挚诚劝勉、出自肺腑之言所感动，也就算不得是佛弟子了。

附录

与茅静远居士书

省庵大师

前三月下旬，返自四明，过访居士，适遇他出，怅然而去。寻归回龙，兹又一月余矣！因数子相劝，欲讲《法华》，特到杭请经，因得致书于足下。居士造桥事毕，可谓莫大之功。然居士之心，好善无倦，一善甫完，复作一善。美则美矣！其如生死大事何？苟不以生死大事为急，而孳孳为善，所作善事如须弥山，皆生死业缘，有何了日？善事弥多，生死弥广，一念爱心，万劫缠缚，可不惧耶！居士世间公案，久已参透，西方净业，久已修习。然而生死心不切，家缘撇不下，人情谢不去，念佛心不专。何也？将名根不断耶？抑爱念牵缠耶？于此二者，宜加审察。苟不把家缘世事一刀斩断，六字洪名尽力提起，欲望娑婆之脱，安养之生，难矣！不生安养而欲脱生死，不脱生死而欲免堕落，抑又难矣！纵一生两生不失人身，济得甚么事？嗟乎！居士慧心如此明利，家缘如此丰足，继嗣如此贤能，事事适意，尚不能放下万缘，一心念佛，为天负人耶？为人负天耶？不以念佛为急，而以世间小善为急，不以生死大事为先，而以人天福报为先，是不知先后也。居士虽不求福而常作福，虽欲出生死而反入生死，皆由不知所缓在彼，所急在此，致使北辕适越，却步求前也。居士今日要务，惟当谢绝人事，一心念佛。加以斋戒二字，尤为尽美。大抵西方佛国，非悠悠散善所能致。万劫生死，非因循怠惰所能脱。无常迅速，旦暮即至，安得不为之早办耶！衲所知识者甚寡，知识之中，求可以语此事者尤寡，舍居士一人，而深以期望者谁哉？倘不以人废言，幸加努力。若曰"吾不能也"，则亦无可奈何矣！

谨按：修净土者，非不需作诸功德事（《无量寿经》谓念佛而广修功德者为上品，不修功德者为下品）。惟当以无所住心，随缘而为之耳！若不专心念佛，而惟孳孳专以世间小善为急，人天福报为先，是大不可。

劝发菩提心文

古杭　梵天寺　沙门　实贤　撰

　　不肖愚下凡夫僧实贤，泣血稽颡，哀告现前大众及当世净信男女等，惟愿慈悲，少加听察。尝闻入道要门，发心为首，修行急务，立愿居先。愿立则众生可度，心发则佛道堪成。苟不发广大心，立坚固愿，则纵经尘劫，依然还在轮回，虽有修行，总是徒劳辛苦。故《华严经》云："忘失菩提心，修诸善法，是名魔业。"忘失尚尔，况未发乎？故知欲学如来乘，必先具发菩萨愿，不可缓也。

　　然心愿差别，其相乃多。若不指陈，如何趋向？今为大众，略而言之，相有其八，所谓邪、正、真、伪、大、小、偏、圆是也。云何名为正、邪、真、伪、大、小、偏、圆耶？世有行人，一向修行，不究自心，但知外务，或求利养，或好名闻，或贪现世欲乐，或望未来果报。如是发心，名之为邪。既不求利养名闻，又不贪欲乐果报，唯为生死，为菩提。如是发心，名之为正。念念上求佛道，心心下化众生。闻佛道长远，不生退怯；观众生难度，不生厌倦。如登万仞之山，必穷其顶；如上九层之塔，必造其颠。如是发心，名之为真。有罪不忏，有过不除，内浊外清，始勤终怠。虽有好心，多为名利之所夹杂；虽有善法，复为罪业之所染污。如是发心，名之为伪。众生界尽，我愿方尽；菩提道成，我愿方成。如是发心，名之为大。观三界如牢狱，视生死如怨家，但期自度，不欲度人。如是发心，名之为小。若于心外见有众生，及以佛道，愿度愿成，功勋不忘，知见不泯。如是发心，名之为偏。若知自性是众生，故愿度脱，自性是佛道，故愿成就。不见一法，离心别有；以虚空之心，发虚空之愿，行虚空之行，证虚空之果，亦无虚空之相可得。如是发心，名之为圆。知此八种差别，则知审察；知审察，则知去取；知去取，则可发心。云何审察？谓我所发心，于此八中，为邪？为正？为伪？为大？为小？为偏？为圆？云何去取？所谓去邪、去伪、去小、去偏，取正、取真、取大、取圆。如此发心，方得名为真正发菩提心也。

此菩提心，诸善中王，必有因缘，方得发起。今言因缘，略有十种。何等为十？一者念佛重恩故。二者念父母恩故。三者念师长恩故。四者念施主恩故。五者念众生恩故。六者念生死苦故。七者尊重己灵故。八者忏悔业障故。九者求生净土故。十者为念正法得久住故。

云何念佛重恩？谓我释迦如来，最初发心，为我等故。行菩萨道，经无量劫，备受诸苦。我造业时，佛则哀怜，方便教化。而我愚痴，不知信受。我堕地狱，佛复悲痛，欲代我苦。而我业重，不能救拔。我生人道，佛以方便，令种善根。世世生生，随逐于我，心无暂舍。佛初出世，我尚沈沦，今得人身，佛已灭度。何罪而生末法？何福而预出家？何障而不见金身？何幸而躬逢舍利？如是思惟，向使不种善根，何以得闻佛法？不闻佛法，焉知常受佛恩？此恩此德，丘山难喻。自非发广大心，行菩萨道，建立佛法，救度众生，纵使粉身碎骨，岂能酬答？是为发菩提心第一因缘也。

云何念父母恩？"哀哀父母，生我劬劳。"十月三年，怀胎乳哺，推干去湿，咽苦吐甘，才得成人。指望绍继门风，供承祭祀。今我等既已出家，滥称释子，忝号沙门，甘旨不供，祭扫不给，生不能养其口体，死不能导其神灵。于世间则为大损，于出世又无实益。两途既失，重罪难逃。如是思惟，唯有百劫千生，常行佛道，十方三世，普度众生。则不唯一生父母，生生父母俱蒙拔济；不唯一人父母，人人父母尽可超升。是为发菩提心第二因缘也。

云何念师长恩？父母虽能生育我身，若无世间师长，则不知礼义。若无出世师长，则不解佛法。不知礼义，则同于异类；不解佛法，则何异俗人。今我等粗知礼义，略解佛法，袈裟被体，戒品沾身，此之重恩，从师长得。

若求小果，仅能自利。今为大众，普愿利人，则世、出世间二种师长，俱蒙利益。是为发菩提心第三因缘也。

云何念施主恩？谓我等今者日用所资，并非己有。三时粥饭，四季衣裳，疾病所需，身口所费，此皆出自他力，将为我用。彼则竭力躬耕，尚难糊口；我则安坐受食，犹不称心。彼则纺织不已，犹自艰难；我则安服有余，宁知爱惜？彼则荜门蓬户，扰攘终身；我则广宇闲庭，悠游卒岁。以彼劳而供我逸，于心安乎？将他利而润己身，于理顺乎？自非悲智双运，福慧二严，檀信沾恩，众生受赐；则粒米寸丝，酬偿有分，恶报难逃。是为发菩提心第四因缘也。

云何念众生恩？谓我与众生，从旷劫来，世世生生，互为父母，彼此有恩。今虽隔世昏迷，互不相识，以理推之，岂无报效？今之披毛戴角，安知非昔为其子乎？今之蠕动蜎飞，安知不曾为我父乎？每见幼离父母，长而容貌都忘，何况宿世亲缘？今则张王难记，彼其号呼于地狱之下，宛转于饿鬼之中，苦痛谁知？饥虚安诉？我虽不见不闻，彼必求拯求济。非经不能陈此事，非佛不能道此言。彼邪见人，何足以知此。是故，菩萨观于蝼蚁，皆是过去父母、未来诸佛，常思利益，念报其恩。是为发菩提心第五因缘也。

云何念生死苦？谓我与众生，从旷劫来，常在生死，未得解脱。人间天上，此界他方，出没万端，升沈片刻。俄焉而天，俄焉而人，俄焉而地狱、畜生、饿鬼。黑门朝出而暮还，铁窟暂离而又入。登刀山也，则举体无完肤。攀剑树也，则方寸皆割裂。热铁不除饥，吞之则肝肠尽烂。烊铜难疗渴，饮之则骨肉都糜。利锯解之，则断而复续；巧风吹之，则死已还生。猛火城中，忍听叫嗥之惨。煎熬盘里，但闻苦痛之声。冰冻始凝，则状似青莲蕊结；血肉既裂，则身如红藕华开。一夜死生，地下每经万遍；一朝苦痛，人间已过百年。频烦狱卒疲劳，谁信阎翁教诫？受时知苦，虽悔恨以何追？脱已还忘，其作业也如故。鞭驴出血，谁知吾母之悲？牵豕就屠，焉识乃翁之痛？食其子而不知，文王尚尔。啖其亲而未识，凡类皆然。当年恩爱，今作冤家；昔日寇仇，今成骨肉。昔为母而今为妇，旧是翁而新作夫。宿命知之，则可羞可耻；天眼视之，则可笑可怜。粪秽丛中，十月包藏难过；脓血道中，一时倒下可怜。少也何知，东西莫辨；长而有识，贪欲便生。须臾而老病相寻，迅速而无常又至。风火交煎，神识于中溃乱；精血既竭，皮肉自外干枯。无一毛而不被针钻，有一窍而皆从刀割。龟之将烹，其脱壳也犹易；神之欲谢，其去体也倍难。心无常主，类商贾而处处奔驰；身无定形，似房屋而频频迁徙。大千尘点，难穷往返之身；四海波涛，熟计别离之泪。峨峨积骨，过彼崇山；莽莽横尸，多于大地。向使不闻佛语，此事谁见谁闻？未睹佛经，此理焉知焉觉？其或依前贪恋，仍旧痴迷，只恐万劫千生，一错百错。人身难得而易失，良时易往而难追。道路冥冥，别离长久，三途恶报，还自受之。痛不可言，谁当相代？兴言及此，能不寒心？是故，直应断生死流，出爱欲海，自他兼济，彼岸同登，旷劫殊勋，在此一举。是为发菩提心第六因缘也。

云何尊重己灵？谓我现前一心，直下与释迦如来，无二无别。云何世尊无量劫来，早成正觉，而我等昏迷颠倒，尚做凡夫？又佛世尊则具有无量神通、智慧、功德庄严，而我等则但有无量业系、烦恼、生死缠缚。心性是一，迷悟天渊。静言思之，岂不可耻？譬如无价宝珠，没在淤泥，视同瓦砾，不加爱重。是故，宜应以无量善法对治烦恼。修德有功，则性德方显。如珠被濯，悬在高幢，洞达光明，映蔽一切。可谓不孤佛化，不负己灵。是为发菩提心第七因缘也。

云何忏悔业障？经言犯一吉罗，如四天王寿五百岁，堕泥犁中。吉罗小罪，尚获此报，何况重罪，其报难言！今我等日用之中，一举一动，恒违戒律，一餐一水，频犯尸罗。一日所犯，亦应无量，何况终身历劫所起之罪，更不可言矣。且以五戒言之，十人九犯，少露多藏。五戒名为优婆塞戒，尚不具足，何况沙弥、比丘、菩萨等戒，更不必言矣。问其名，则曰我比丘也。问其实，则尚不足为优婆塞也。岂不可愧哉？当知佛戒不受则已，受则不可毁犯；不犯则已，犯则终必堕落。若非自悯悯他，自伤伤他，身口并切，声泪俱下，普与众生，求哀忏悔，则千生万劫，恶报难逃。是为发菩提心第八因缘也。

云何求生净土？谓在此土修行，其进道也难；彼土往生，其成佛也易。易故一生可致，难故累劫未成。是以往圣前贤，人人趣向；千经万论，处处指归。末世修行，无越于此。然经称少善不生，多福乃致。言多福，则莫若执持名号；言多善，则莫若发广大心。是以暂持圣号，胜于布施百年；一发大心，超过修行历劫。盖念佛本期作佛，大心不发，则虽念奚为？发心原为修行，净土不生，则虽发易退。是则下菩提种，耕以念佛之犁，道果自然增长。乘大愿船，入于净土之海，西方决定往生。是为发菩提心第九因缘也。

云何令正法久住？谓我世尊无量劫来，为我等故，修菩提道，难行能行，难忍能忍，因圆果满，遂致成佛。既成佛已，化缘周讫，入于涅槃。正法、像法，皆已灭尽，仅存末法。有教无人，邪正不分，是非莫辨，竞争人我，尽逐利名。举目滔滔，天下皆是。不知佛是何人？

法是何义？僧是何名？衰残至此，殆不忍言。每一思及，不觉泪下！我为佛子，不能报恩。内无益于己，外无益于人；生无益于时，死无益于后。天虽高，不能覆我；地虽厚，不能载我。极重罪人，非我而谁？由是痛不可忍，计无所出，顿忘鄙陋，忽发大心。虽不能挽回末运于此时，决当图护持正法于来世。是故，偕诸善友，同到道场，述为忏摩，建兹法会。发四十八之大愿，愿愿度生；期百千劫之深心，心心作佛。从于今日，尽未来际，毕此一形，誓归安养，既登九品，回入娑婆。俾得佛日重辉，法门再阐；僧海澄清于此界，人民被化于东方；劫运为之更延，正法得以久住，此则区区真实苦心。是为发菩提心第十因缘也。

如是十缘备识，八法周知，则趣向有门，开发有地。相与得此人身，居于华厦，六根无恙，四大轻安，具有信心，幸无魔障。况今我等，又得出家，又受具戒，又遇道场，又闻佛法，又瞻舍利，又修忏法，又值善友，又具胜缘。不于今日，发此大心，更待何日？唯愿大众，悯我愚诚，怜我苦志，同立此愿，同发是心。未发者今发，已发者增长，已增长者今令相续。勿畏难而退怯，勿视易而轻浮，勿欲速而不久长，勿懈怠而无勇猛，勿委靡而不振起，勿因循而更期待，勿因愚钝而一向无心，勿以根浅而自鄙无分。譬诸种树，种久则根浅而日深。

又如磨刀，磨久则刀钝而成利。岂可因浅勿种，任其自枯？因钝弗磨，置之无用？又若以修行为苦，则不知懈怠尤苦。修行则勤劳暂时，安乐永劫；懈怠则偷安一世，受苦多生。况乎以净土为舟航，则何愁退转？又得无生为忍力，则何虑艰难？当知地狱罪人，尚发菩提于往劫，岂可人伦佛子，不立大愿于今生？无始昏迷，往者既不可谏；而今觉悟，将来犹尚可追。然迷而未悟，固可哀怜；苟知而不行，尤为痛惜。若惧地狱之苦，则精进自生；若念无常之速，则懈怠不起。又须以佛法为鞭策，善友为提携；造次弗离，终身依赖，则无退失之虞矣。勿言一念轻微，勿谓虚愿无益。心真则事实，愿广则行深。虚空非大，心王为大；金刚非坚，愿力最坚。大众诚能不弃我语，则菩萨眷属，从此联姻；莲社宗盟，自今缔好。所愿同生净土，同见弥陀，同化众生，同成正觉；则安知未来三十二相，百福庄严，不从今日发心立愿而始也。愿与大众共勉之。幸甚！幸甚！

出版后记

　　星云大师说："我童年出家的栖霞寺里面，有一座庄严的藏经楼，楼上收藏佛经，楼下是法堂，平常如同圣地一般，戒备森严，不准亲近一步。后来好不容易有机缘进到藏经楼，见到那些经书，大都是木刻本，既没有分段也没有标点，有如天书，当然我是看不懂的。"大师忧心《大藏经》卷帙浩繁，又藏于深山宝刹，平常百姓只能望藏兴叹；藏海无边，文辞古朴，亦让人望文却步。在大师倡导主持下，集合两岸近百位学者，经五年之努力，终于编修了这部多层次、多角度、全面反映佛教文化的白话精华大藏经——《中国佛教经典宝藏》，将佛教深睿的奥义妙法通俗地再现今世，为现代人提供学佛求法的方便途径。

　　完整地引进《中国佛教经典宝藏》是我们的夙愿，

三年来，我们组织了简体字版的编审委员会，编订了详细精当的《编辑手册》，吸收了近二十年来佛学研究的新成果，对整套丛书重新编审编校。需要说明的是此次出版将丛书名更改为《中国佛学经典宝藏》。

佛曰：一旦起心动念，也就有了因果。三年的不懈努力，终于功德圆满。一百三十二册，精校精勘，美轮美奂。翰墨书香，融入经藏智慧；典雅庄严，裹沁着玄妙法门。我们相信，大师与经藏的智慧一定能普应于世，济助众生。

东方出版社